Wenn Gott sich ändert

WerkstattBibel 6

Herausgegeben von
Bibelpastorale Arbeitsstelle SKB, Zürich
wtb. Deutschschweizer Projekte Erwachsenenbildung, Zürich

Redaktionskreis
Dieter Bauer, Regula Grünenfelder, Brigitte Schäfer, Claudia Zanetti

Band 6

Brigitte Schäfer (Hrsg.)

Wenn Gott sich ändert

Dynamische Gottesvorstellungen im Alten und Neuen Testament

Verlag Katholisches Bibelwerk

www.bibelwerk.de

Umschlaggestaltung: ABSICHT AG, Stuttgart
Druck: Druckerei Ernst Grässer, Karlsruhe

ISBN 3-460-08506-1

Inhaltsverzeichnis

III. Bibelarbeiten

Vorwort

Die Idee zu einem Projekt mit dem Arbeitstitel „Wenn Gott sich ändert..." tauchte im Zusammenhang mit einer Bibeltagung auf, an der wir uns mit der religiösen Entwicklung der Menschen und den Veränderungen ihrer Gottesvorstellungen beschäftigt hatten. Dass wir Menschen (hoffentlich!) nicht ein ganzes Leben lang gleich über Gott denken, sondern unsere Beziehung zu ihm weiter entwickeln und unseren Glauben mit den Jahren reifer gestalten können, schien uns nicht nur einleuchtend, sondern auch motivierend zu sein. Aber zu einer Beziehung gehört ja auch die andere Seite. Daher tauchte die Frage auf: „Und Gott, ändert der sich auch?" Sie schien uns brisant, aber lohnend. Allerdings musste die geplante Tagung dann mangels Anmeldungen abgesagt werden. „Ihr seid noch zu früh mit diesem Thema", hörten wir von den Wenigen, die sich interessiert hatten, „der Gedanke, Gott könnte sich ändern, ist noch zu ungewohnt und bedrohlich für viele Menschen."

Mich ließ das Thema aber nicht mehr los. Wenn die Bibel (wenigstens an gewissen Stellen) von einem Gott erzählt, der sich ändert, können wir diesen Gedanken ja nicht von uns schieben, weil er nicht in unsere momentane Vorstellung von Gott passt. So beschloss ich, einen neuen Start im Rahmen meiner Projektarbeit in Zürich zu versuchen. Zu meinem eigenen Erstaunen meldeten sich auf die Ausschreibung 15 Personen, die sich der Aufgabe stellen wollten, die Bibelarbeiten zu gestalten und zu erproben. Im Redaktionskreis kam dann die methodische Idee dazu: noch in keinem Band dieser Reihe haben wir schwerpunktmäßig mit Tönen und Klängen gearbeitet. Würde sich das nicht gerade zu diesem Thema anbieten?

Als wir im September 2002 das Projekt starteten, ahnten wir noch nicht, auf welches Glatteis wir uns da methodisch begaben. Diese Methode ist für die thematische Erwachsenenbildungsarbeit noch kaum erschlossen. Noch mehr als bei anderen Methoden waren wir auf unsere eigene Phantasie und Entdeckerfreude angewiesen. Das Experimentieren mit Tönen, Geräuschen und Stimme war zunächst eher ungewohnt, dann jedoch oft durchaus lustvoll. Aber immer wieder stellte sich die Frage: Trägt diese Art auch zu einem vertiefteren Verständnis und einer lebendigeren Aneignung der Bibeltexte bei? Fragen, die wir uns bei visuellen Methoden (Malen, Gestalten) oder beim Rollenspiel weniger stellten. Möglicherweise ist unsere Fähigkeit, konzentriert und aktiv zu hören, die Wirkung von Klängen und Geräuschen auf uns selbst wahrzuneh-

men und uns davon zu Einsichten anregen zu lassen, nicht so weit entwickelt. Wir sind eher gewohnt, Klänge zu konsumieren und Geräusche als Störfaktoren zu überhören. Die Arbeit mit dieser Methode hat uns jedoch davon überzeugt, dass es sich lohnt, gerade biblische Geschichten, die von Begegnungen mit Gott erzählen, auf diese „akustische" Weise neu zu erleben.
Wir halten in diesem Büchlein unsere Erfahrungen fest, im Bewusstsein, dass die thematische Arbeit mit Klängen noch nicht umfassend erprobt und durchdacht ist. Dennoch möchten wir ermuntern, sich auf diese Wege einzulassen und diese Seite unseres Wahrnehmungs- und Ausdrucksvermögens in die Arbeit mit biblischen Texten einzubeziehen.

Mein herzlicher Dank geht an die Mitglieder der Projektgruppe, die ihre Experimentierfreude, Phantasie und Arbeitskraft diesem Buch zur Verfügung gestellt haben:

Gertrud Bolliger
Christa Breiing
Katharina Funk
Lisbeth Güttinger
Ursula Hartmann
Lily Lutz-Ewan
Verena Olesen
Christian Refardt
Martin Schärer
Johanna Scheifele
Marianne Schoch
Mädi Thommen
Lotti Widmer
Vreni Wyss
Claudia Zanetti

Luzern, im September 2003

Brigitte Schäfer

I. Teil

Bibeltheologische Einführung

1 Umstrittenes dynamisches Gottesbild

Redet die Bibel über Gott, so gibt sie nicht zuallererst einen Einblick, wie Gott in sich ist. Ihr geht es um Gottes Verhältnis zur Welt. So spiegeln die biblischen Gottesaussagen die Ambivalenz wider, die die Wirklichkeit auch prägt. (Norbert Clemens Baumgart[1]*)*

Die Geschichten, die wir für die Bibelarbeiten in diesem Band ausgewählt haben, erzählen davon, wie Gott in ganz bestimmten Situationen und Interaktionen mit Menschen seine Gefühle, seine Gedanken und seine Handlungsweisen verändert. Dies geschieht auf unterschiedliche Art und aus unterschiedlichen Gründen.

Für uns, die wir gewohnt sind, in den dogmatisch geprägten Begriffen von Allmacht, Allwissenheit, Zuverlässigkeit usw. von Gott zu denken, ist es vielleicht nicht ganz einfach, uns auf die dynamische Gottesvorstellung dieser biblischen Texte einzulassen. Das ging den Menschen jedoch auch früher so. Bereits in den biblischen Texten selbst finden wir Zeugnis davon, wie schwierig für Menschen die Erfahrung eines sich ändernden Gottes sein konnte. Das zeigen beispielsweise die Geschichte von Jona (vgl. Bibelarbeit 6) oder die Reflexionen im Psalm 77 (vgl. Bibelarbeit 7). So wird die Unveränderlichkeit Gottes verschiedentlich in der Bibel bekräftigt. Nachdem etwa von der Reue Gottes bezüglich Sauls Königtum berichtet wird, heißt es: „Er, der ewige Ruhm Israels, kann weder lügen noch bereuen. Er ist doch kein Mensch, so dass er etwas bereuen müsste" (1 Sam 15,29)[2]. An anderer Stelle sagt Gott von sich selbst: „Ich, Jahwe, ändere mich nicht" (Mal 3,6). Schon im Alten Testament finden sich also Spuren einer Diskussion darüber, ob Gott sich ändert. Die Ablehnung des dynamischen Gottesbildes verstärkt sich mit dem Einfluss des griechischen Denkens. So urteilt der jüdische Philosoph Philo von Alexandrien im ersten nachchristlichen Jahrhundert: „Was könnte es für einen größeren Frevel geben als zu glauben, der Unveränderliche könne sich ändern?"[3] Als das Alte Testament auf griechisch übersetzt wurde, versuchten die damaligen Theologen, das dynamische Gottesbild zu mildern, indem sie entsprechende Textpassagen einfach anders formulierten[4].

[1] BAUMGART, S. 10

[2] Ähnliche Formulierungen finden sich in Num 23,19; Jer 4,28; Ps 110,4.

[3] Quod Deus sit immutabilis §22

[4] JEREMIAS 1997, S. 11

Das dynamische Gottesbild im Neuen Testament

Im Neuen Testament wird die Wandelbarkeit Gottes durch das Kommen Christi aufgehoben, das „ein für allemal" Gottes Zuwendung zu den Menschen bedeutet. „Gott kann seine Gnadengaben und seine Berufung nicht bereuen" (Röm 11,29). Jesus selbst stand wohl auch in dieser Beziehung noch im Denken des Alten Testaments. So zeigt beispielsweise das Gleichnis vom gnadenlosen Schuldner (vgl. Bibelarbeit 4), dass er mit einem Gott rechnete, der sich ändert. Auch im Gleichnis vom Feigenbaum (Lk 13,6-9) ist die Möglichkeit eines alternativen Handelns Gottes zumindest angedeutet.

In der exegetischen Literatur zu unseren Texten finden wir Hinweise darauf, dass die dynamische Gottesvorstellung gewissen Bibelforschern Mühe macht. Sie wird beispielsweise mit dem Stichwort „primitiv" in die Vorzeit der Bibel verwiesen (siehe S. 52) oder dann möglichst in die spätere Zeit der Gemeindetradition verlegt (siehe S. 69).

Gerstenberger, der die alttestamentlichen Theologien im Kontext der Sozialgeschichte Israels analysiert, sieht das dynamische Gottesbild in engem Zusammenhang mit der familialen Religiosität, die von Beginn an gleichsam den Untergrund für die nachfolgenden Dorf-, Stammes- und Reichstheologien bildet und dann in der nachexilischen Zeit wieder größere Bedeutung erhält. Diese Ausprägung, die natürlich auch große Nähe zur Volksreligion aufweist, wird - so bemerkt Gerstenberger selbstkritisch - zumindest in der europäischen Theologie weniger hoch geschätzt: „Unsere heutige Theologie will das Kleine, Familiäre, Nahe im Gottesbild des Alten Testaments nicht gern wahrhaben, weil wir grundsätzlich großgesellschaftliche und staatliche Theologie mit ihren süßen Machtversprechungen zu treiben gewohnt sind und die niederen Regionen der Familie, der Laien und des Volkes aus dem theologischen Geschäft heraushalten wollen."[5]

In den folgenden Kapiteln fragen wir danach, wie es in der Religion Israels zu diesem dynamischen Gottesbild kam. Warum dieses ins theologische Denken des Christentums bisher nur am Rande Eingang gefunden hat[6], können wir hier nicht ausführen. Die Beschäftigung mit diesen Texten, die erzählen, wie Gott sich ändert, könnte jedoch zu einem neuen Verständnis dogmatischer Aussagen über Gott verhelfen.[7]

---

5 GERSTENBERGER, S. 74

6 „Die Brisanz und das theologische Gewicht der Texte harren noch weithin der Entdeckung, wie etwa ein Blick in die gängigen Theologien des Alten Testaments zeigt." JEREMIAS 1997, Vorwort

7 Vgl. EBACH, S. 23

2 Von Gott reden wie von einem Menschen

Der Mensch kann von Gott nur sprechen, indem er Ungöttliches von ihm aussagt, denn alle unsere Kategorien sind der erschaffenen Gegenstandswelt entnommen. Daher kann keine Aussage Gott wirklich treffen, schon gar nicht kann sie ihn umfassend ins Wort bringen. Unsere Gottesaussagen sind auch deswegen stets perspektivisch und partiell, weil sie nicht Gott selbst, sondern von Menschen je und je gemachte Gotteserfahrungen formulieren, allerdings in der Überzeugung, Gott nicht ganz zu verfehlen. (Walter Gross[8])

Die Bibeltexte, die von diesem dynamischen Gott sprechen, kommen nicht darum herum, dies auf sogenannt „anthropomorphe" Weise zu tun. Sie reden von Gott so, als wäre er ein Mensch. Er denkt nach, er hat Gefühle, die ihn überwältigen, er beschließt Dinge, die ihn nachträglich reuen. Diese menschliche Rede von Gott ist nach Gerstenberger ein Kennzeichen familialer Religiosität.[9] Die Sippengottheit ist nahe und zugewandt, aber nicht allmächtig und allwissend. Neben den durch größere Sozialformen geprägten Arten, von Gott zu reden, hat sich diese anthropomorphe Rede immer erhalten und findet sich in vielen biblischen Texten.

Wenn wir uns in Bibelarbeiten mit diesen Texten beschäftigen, werden wir auch so von Gott reden. Wir werden versuchen, seine Handlungsweisen, seine Gründe für die Sinnesänderungen so zu verstehen, als wenn er ein Mensch wäre. Es bleibt uns gar nichts anderes übrig, wenn wir den Texten gerecht werden wollen, denn sie bieten uns keine andere Weise an, zu verstehen, welche Gotteserfahrungen in ihnen beschlossen sind.

Natürlich werden wir uns bei diesem Reden von Gott bewusst sein, dass wir nicht von Gott reden, sondern von Gotteserfahrungen und Gottesvorstellungen - aber das trifft natürlich auf alle, auch die abstrakten dogmatischen Redeweisen von Gott zu.

Ein Gott, von dem in anthropomorphen Bildern gesprochen wird, ist uns in gewisser Weise näher, er erscheint lebendiger, kommunikativer, partnerschaftlicher, aber auch ambivalenter und unberechenbarer. Die dogmatische, abstrakte Redeweise von Gott lässt ihn statischer, ferner erscheinen, dafür erhabener, zuverlässiger, berechenbarer. Der Bibel ist die erste Weise näher.

---

[8] In ANNEN, S. 40

[9] Siehe GERSTENBERGER, S. 54 und 72

Menschlich von Gott reden
„Wenn ich erzähle, dass Gott vor Freude über seine Schöpfung lacht oder vor Schmerz über Kains Bluttat weint, so erscheint dies zunächst als kindlich-unreflektierte, unangemessen menschengleiche Gottesvorstellung. Wenn man sich anderseits mit der Negation begnügt und feststellt, dass Gott „natürlich" keine menschlichen Tränen weint und über kindlich fröhliches Gelächter hoch erhaben ist, so ergibt auch das eine Vorstellung von Gott, und es ist die Frage, ob ein solcher Gott, einer der weder lacht noch weint, der biblischen Überlieferung näher kommt. Durch die scheinbar so logische Negation der allzu menschlichen Züge nimmt man Gott gerade das, was ihn für uns lebendig macht und uns nah sein lässt. Wenn wir Gott nicht mit einem menschlichen Herzen erfahren und verkündigen, dann erfahren und verkündigen wir ihn herzlos." (Hans Frör[10])

Wir sind gewohnt, die biblischen Texte mit dogmatischen Brillen zu lesen und das Anthropomorphe, Dynamische, das uns da in den Schilderungen Gottes entgegenkommt, zu überlesen oder wegzuerklären. Manchmal wird auch mit einem falsch verstandenen „Bilderverbot" versucht, die biblische Redeweise von Gott mit einem biblischen Argument auszuschalten. Doch „das Gebot, sich von Gott kein Bild zu machen, erfüllen wir nicht dadurch, dass wir Gott möglichst farblos und abstrakt statt bildhaft persönlich schildern. Sonst hätten alle Propheten und Jesus selbst es missachtet".[11]
In den Bibelarbeiten dieses Bandes möchten wir Leitende und Teilnehmende ermuntern, sich auf die biblische Redeweise von Gott einzulassen.

---

10 Hans Frör unternahm 1977 den Versuch, eine Zusammenfassung der Bibel zu schreiben und dabei von Gott zu reden wie von einem Menschen. Ähnlich liest sich über weite Strecken die Biographie Gottes von Jack Miles, der die Bibel als literarisches Werk mit Gott als Hauptperson betrachtet. Das Zitat stammt aus dem kurzen Nachwort Frörs, das die anthropomorphe Rede von Gott reflektiert: FRÖR, S. 75
11 FRÖR, S. 75. Zum Bilderverbot (Ex 20,4 und Dtn 5,8) vgl. ZENGER, S. 87ff.

3 Wie das dynamische Gottesbild entstand

„Nach dem Exil rühmt Israel Jahwes Wandelbarkeit in seinem Bekenntnis – als ein Letztes und Äußerstes, was es über seinen Gott auszusagen vermag. Nicht theoretische Reflexion über ‚die Gottesfrage' hat Israel zu dieser Aussage geführt, sondern der Versuch, ja die Notwendigkeit, das eigene Geschick und Ergehen von Jahwes Handeln her zu deuten und zu begreifen. Von einem unwandelbaren Gott hätte Israel nicht leben können." (Jörg Jeremias[12])

Warum ändert sich Gott? Es gibt verschiedene Gründe, wie dieses dynamische Gottesbild in die Bibel kam. Anhand unserer Texte lassen sich einige aufzeigen:

Rückgriff auf alte Mythen

Der experimentierende Gott, der uns im zweiten Schöpfungsbericht begegnet (vgl. Bibelarbeit 2), ist alten und weit verbreiteten Schöpfungsmythen entnommen. Sie reflektieren die Kontingenz unserer vorfindlichen Welt: Könnte nicht alles ganz anders sein? Ist es wirklich gut so, wie es ist? Ein experimentierender Gott erweist sich letztlich als verlässlicher: Er hätte es anders machen können, er weiß, warum er es so gemacht hat. Hätte er es nicht ausprobiert, könnte man ihm dann trauen?
In diesem Gottesbild spiegelt sich nicht nur die menschliche Freude am Experimentieren, sondern auch dessen Notwendigkeit für eine gute Gestaltung des Lebens. Es spiegelt sich aber auch die Erfahrung, dass das, was geschaffen wurde, sich im Nachhinein als unbrauchbar erweisen kann. Dass Götter der Menschen, die sie geschaffen haben, überdrüssig werden, so dass es sie reut, sie gemacht zu haben, und sie Vernichtungspläne fassen, ist ein Motiv mancher Flutgeschichten (vgl. Bibelarbeit 3).

Zusammenwachsen männlicher und weiblicher Züge in Jahwe

Im Vergleich der biblischen Flutgeschichte mit dem altorientalischen Gilgamesch-Epos (vgl. Bibelarbeit 3) lässt sich zeigen, wie Jahwe als einziger Gott Israels Elemente männlicher und weiblicher Gottheiten des Pantheons der Umwelt Israels in sich vereinigt. Der Entschluss, die Menschen zu vernichten, den im Gilgamesch-Epos der Gott Enlil anregt,

[12] JEREMIAS, 1997 S. 119

steht dort der Klage der Muttergöttin über „ihre lieben Menschen" gegenüber. Sollen die beiden gegensätzlichen Empfindungen, die jeweils dahinter stehen, in einer Gottheit vereint werden, lässt sich das nur in einem zeitlichen Ablauf bewerkstelligen. So kommt es dazu, dass Gott zunächst seinem Zerstörungsimpuls nachgibt, diese Tat dann bedauert und schließlich verspricht, sie niemals zu wiederholen.
Ähnlich kämpfen in Hosea 11 (vgl. Bibelarbeit 5) mütterliche Züge Gottes, die sich in Zuwendung und Fürsorge zu seinem Volk manifestieren, mit kriegerischen Zerstörungsimpulsen als Reaktion auf die fortgesetzte Abwendung des Volkes von seinem Gott. Hier kommt es nicht zu einem Ausleben der Zerstörungsimpulse, da die mütterlichen Regungen zu stark aufflammen. Die Dynamik spielt sich nur im Innern Gottes ab.
Sind es in diesen Texten weibliche und männliche Züge Gottes, geht es in anderen um das Zusammenbringen von Erfahrungen lebensfördernder und lebensmindernder Kräfte. Beide können im Glauben an den einen Gott nicht auf verschiedene Götter verteilt werden, sondern sollen als Wirken des einen Gottes verstanden werden. Nach Gerstenberger stehen diese verschiedenen Züge Gottes auch mit den unterschiedlichen Gesellschaftsformen im Lauf der Geschichte Israels im Zusammenhang[13].

Konstruierte Erzählung

Es gehört zu den Eigenheiten biblischer Texte, dass sie theologische Erörterungen gerne in eine Erzählung kleiden, statt die Argumente in einem theoretischen Diskurs anzuführen. Das Gespräch zwischen Gott und Abraham um das Schicksal der Stadt Sodom (vgl. Bibelarbeit 1) ist eine theologische Erörterung der Gerechtigkeit Gottes. Sie besteht - nach fester, aber auch in der Bibel immer wieder angezweifelter Erkenntnis, v.a. in nachexilischer Zeit - darin, dass die Guten belohnt und die Bösen bestraft werden. Was aber, wenn es um ein kollektives Schicksal geht? Sind dann die Guten oder die Bösen maßgebend? Oder gibt es hier ein bestimmtes Zahlenverhältnis, welches das gemeinsame Schicksal zum Kippen bringt? Das um diese theologische Fragestellung herum konstruierte Gespräch geht zunächst davon aus, dass die Bösen bestraft werden müssten, und schreitet in mehreren Zyklen voran zur Feststellung, Gerechte dürften nicht unter der Bestrafung der Bösen leiden. Im Verlauf dieses Gesprächs entsteht das Bild eines Gottes, der, ausgehend von seiner beschlossenen Strafaktion, durch das Gespräch mit seinem

[13]Siehe etwa GERSTENBERGER, S. 51

menschlichen Vertrauten durch Argumente sich mehr und mehr für andere Handlungsmöglichkeiten öffnen lässt. Seine Gerechtigkeit zeigt sich darin, dass er auf die Fragen Abrahams immer wieder eingeht. Gott erweist sich gerade dadurch als beständig, dass er sich ändert.

Gegen einen fixierten Glauben

Statische Gottesbilder begünstigen eine fixierte, selbstsichere Religiosität, gegen die in der Bibel Erfahrungen mit einem dynamischen Gott erzählt werden. So zeichnet die Jona-Geschichte (vgl. Bibelarbeit 6) einen Mann mit fundamentalistisch geprägtem Glauben, der von Gott auf einen Weg geschickt wird, auf dem er ihn anders erfährt als in seinem Glauben vorgesehen. Jona meint so genau zu wissen, wie Gott ist, dass er Mühe hat mit allem, was seinem Wissen widerspricht. Ein liebevoller, hartnäckiger Gott versucht, seinen religiösen Horizont zu erweitern, so dass er die Barmherzigkeit Gottes gegenüber allen Menschen unabhängig von ihrer Religionszugehörigkeit akzeptieren kann. Ob es ihm gelingt, bleibt offen. Gerade umgekehrt wendet sich eine Geschichte, die Jesus erzählt (vgl. Bibelarbeit 4), an Menschen, die im Glauben: „Gott ist barmherzig, er vergibt ja", die Sensibilität gegenüber ihren Mitmenschen verlieren. Hier nimmt Gott seine Vergebung zurück, als er merkt, dass einer daraus keine Konsequenz im Umgang mit andern zieht. Ein Glaube an einen Gott, der sich ändert, soll vor jeglicher frommer Selbstgerechtigkeit bewahren.

Zusammenbringen von Traditionen und gegenwärtigen Erfahrungen

Psalm 77 (vgl. Bibelarbeit 7) reflektiert Gotteserfahrungen, individuelle und kollektive, und formuliert die Schwierigkeiten eines Glaubens an einen sich ändernden Gott. Ähnliche Schwierigkeiten, wie wir sie haben, wenn wir die biblischen Zeugnisse von Gottes Hilfe lesen und uns fragen, wo wir Spuren von Gottes Handeln entdecken können. Die Traditionen der Bibel sind in einem langen Prozess gewachsen. In den alten Erzählungen scheint im Gegensatz zu heute Gottes Präsenz und Hilfe klar. Dies führt den Psalmbeter (und Menschen bis heute) zur Wahrnehmung einer Änderung Gottes. Ihm gelingt jedoch innerhalb des Textes nicht nur ein Stimmungsumschwung, sondern auch ein Perspektivenwechsel: Er sieht, dass auch in der Vergangenheit Gott nur durch Menschen und ohne sichtbare Spuren gehandelt hat. Im folgenden Kapitel sehen wir, wie diese Änderungen Gottes beschrieben sind.

4 Wie und warum ändert sich Gott?

Gott kann sich das eigene Tun gereuen lassen und es ändern. In der Bibel kann Gott das. Manch frommer Allmachtsglaube hat Gott in Wahrheit kleiner gemacht, nämlich um diese große Fähigkeit vermindert. (Jürgen Ebach[14])

Wenn wir die Texte genauer danach befragen, was die Änderungen Gottes auslöst und wie sie beschrieben sind, stoßen wir auf einige wenige Motive und Wendungen, die eine zentrale Bedeutung haben.

Sehen und Urteilen

Voraus geht oft ein Sehen Gottes, manchmal mit der Beurteilung dessen, was er sieht: In der Flutgeschichte sieht er, dass die Menschen böse sind (Gen 6,5); bei Jona, dass die Leute in Ninive Buße tun (Jona 3, 10). In der Geschichte von der Erschaffung des Menschen stellt Gott fest, dass es nicht gut ist, dass dieser allein bleibt (Gen 2,18). Vor dem Gespräch mit Abraham nimmt sich Gott vor, hinunterzugehen, um zu sehen, wie es in Sodom steht (Gen 18,21). - Dass Gott sich ändert, hat damit zu tun, wie er die Welt und die Menschen wahrnimmt und beurteilt.

Planen und Beschließen

Gott fasst Pläne und trifft Entscheidungen, bevor er handelt. Diese trifft er aufgrund dessen, was er wahrgenommen hat, und aufgrund der Gefühle, die dies bei ihm ausgelöst hat. Er ist jedoch bereit, diese Pläne und Entscheidungen zu kommunizieren und zu überdenken. Vor dem Gespräch mit Abraham überlegt er sich, ob er diesen informieren und einbeziehen will (Gen 18,17). Adam setzt er in den Garten und fasst seinen Plan, ihm ein Gegenüber zu machen, mehr im Selbstgespräch. Dann lässt er ihn jedoch selbst das Resultat der Tiererschaffung beurteilen (Gen 2,20). Noah informiert er darüber, was er gesehen hat, und gibt ihm seinen Vernichtungsplan kund (Gen 6,13). Den Entschluss, diese Vernichtungsaktion nicht zu wiederholen, auch wenn die Menschen immer noch böse sind, spricht er wieder ganz zu sich selbst (Gen 8,21). In Hosea 11 nennt er zunächst seinen Vernichtungsplan (Verse 5-6), um sich dann

[14] EBACH, S. 24

selbst zu fragen, wie er so etwas tun könnte (Vers 8). Jona, der beauftragt wird, seine Drohungen zu verkünden, missversteht den Plan als Faktum (Jona 3,2). Joel verkündet dagegen den Vernichtungsplan zusammen mit dem Aufruf zur Umkehr und dem Hinweis auf Gottes mögliche Reue (2,13). Der Psalmist rechnet nicht nur mit planmäßigem Handeln, sondern auch damit, dass Gott seine Gnade schlicht vergessen hat (Ps 77,10). - Dass Gott sich ändert, hängt auch damit zusammen, dass er planvoll handelt und mit sich selbst und bestimmten Menschen im Kontakt ist.

Zorn und Schmerz

Blicken die Texte in Gottes Inneres, so ist von starken (heißen, glühenden) Gefühlen die Rede. Das zu Vernichtung und Bestrafung drängende Gefühl ist meist der Zorn (Hos 11,9; Jona 3,9; Ps 77,10; Mt 18,34; manchmal vermischt mit Abscheu Ps 106,40), es kann aber auch der Schmerz sein (Gen 6,6). Der Zorn entbrennt, wenn die Menschen schlecht handeln und sich von Gott abwenden. Er ist „primäre Reaktion in Gott, die sogleich und nahezu mechanisch aufflammt, wo immer menschliche Schuld geschieht. Sie drängt unaufhaltsam auf die Tat hin. Menschlicherseits gibt es gegen diese verheerende Kraft in Gott keinen Schutz."[15] Andererseits muss sich Gott offenbar auch ungestört in diesen Zorn hineinsteigern können. So sagt er zu Mose, mit dem er über sein untreues Volk spricht, plötzlich: „Jetzt lass mich, damit mein Zorn gegen sie entbrennt und sie verzehrt" (Ex 32,10). Nur im Affekt, nicht mit kühler Überlegung kann Gott an die Vernichtung seines Volkes denken. Sein Zorn ist auch da, wo er Gottes Handeln bestimmt - etwa im Gleichnis Jesu vom gnadenlosen Schuldner - „nicht Ausdruck seiner Lieblosigkeit, sondern die Kehrseite seiner Solidarität mit den Armen"[16].

Erbarmen und Leidenschaft

Das gegenteilige Gefühl, das sich meist als zweites meldet und sich dann als stärker erweist, ist das Erbarmen oder Mitleid (Jona 4,10). Es flammt auf, wenn die Leidenschaft erwacht und Gott wahrnimmt, dass die Menschen sich Mühe geben (Joel 2). Wenn auch meist das Mitleid sich als stärker erweist, so ist dies doch kein Automatismus, sondern allenfalls

[15] JEREMIAS 1983, S. 145
[16] KOSCH, S. 33

eine Hoffnung, die vorsichtigerweise mit „vielleicht" ausgedrückt wird (Jona 3,9; Joel 2,14). Dieses „vielleicht" lässt Gottes Souveränität im Handeln unangetastet. Im Gleichnis vom gnadenlosen Schuldner ist das Erbarmen dagegen das erste Gefühl des Herrn, der Zorn bestimmt jedoch danach das Handeln. Auch der Psalmist rechnet durchaus damit, dass der Zorn das Erbarmen Gottes verschließen könnte (Ps 77,10).

Reue

Am „Wendepunkt" der Veränderungen Gottes ist in manchen Texten von seiner „Reue" die Rede. Evtl. ist die deutsche Übersetzung hier nicht ganz treffend, wenn wir damit eine moralische Einsicht assoziieren, die zu einem besseren Verhalten führt. Zunächst ist ein Sinneswandel gemeint. Jeremias weist darauf hin, dass speziell bei diesem Wort (der hebr. Wurzel „nacham") bei der Übertragung vom menschlichen Bereich auf Gott Spezifikationen der Bedeutung stattgefunden haben, die sich selbst im Lauf der Zeit verändert haben[17]. Von Gottes Reue ist im Alten Testament zudem viel öfter die Rede als von menschlicher Reue. Die Grundbedeutung der hebr. Wurzel „nacham" bringt Jeremias im Rückgriff auf eine arabische Wortwurzel mit dem Atem in Verbindung. Es können aber von der hebr. Wurzel „nacham" auch andere Gefühle abgeleitet werden: Trauer, Mitleid, aber auch Rache. Dabei werden reflexive Verbformen verwendet, die auf die Bedeutung „aufatmen" zurückgehen: „Zugrunde liegt damit die Idee einer Erleichterung, die aus einem tiefen Atemzug gewonnen wird und der eine Gemütserregung vorausgeht, die als (seelische) Atemnot erfahren wird."[18] Gottes Reue kann also verstanden werden als sein Aufatmen da, wo er im Zwiespalt der vernichtenden und erbarmenden Kräfte in seinem Innern die Möglichkeit entdeckt, anders zu handeln, als er es vorhatte. Dieses „Aufatmen" Gottes bei Joel (2,13) und Jona (4,2), also in nachexilischer Zeit, wird an das traditionelle Bekenntnis von Gottes Barmherzigkeit angehängt. Gott wird hier nicht mehr als der Gütige bekannt, sondern als der, der von seinen (berechtigten) Unheilsplänen absieht, der zwar noch zornig wird, aber nicht für immer (Ps 103,8f.). „Der Vernichter, der Israel strafen muss, und der Verschoner, der es vor dem Vernichter bewahrt, ist der eine Jahwe - darum ‚wandelt' er seinen Willen, und davon lebt Israel."[19]

---

17 JEREMIAS 1997, S. 13 und 150ff.
18 JEREMIAS 1997, S. 16
19 JEREMIAS 1997, S. 119

5 Gott kann man nicht sehen, aber hören

Verschiedene Geschichten im Alten Testament berichten davon, dass Gott nicht geschaut, sondern nur gehört werden darf. Selbst da, wo er in einer gewaltigen Schau mit Feuer und Wolken seine Präsenz ankündigt, ist er selbst nur zu hören, so im Rückblick des Mose auf die Offenbarung am Sinai: „Gott sprach zu euch mitten aus dem Feuer. Ihr hörtet den Donner der Worte. Eine Gestalt habt ihr nicht gesehen. Ihr habt nur den Donner gehört" (Dtn 4,12). Mose selbst darf auf sein Bitten hin Gott nachschauen, als dieser an ihm vorübergegangen ist, aber seine Stimme hat er mit verdeckten Augen gehört (Ex 33,12-23). Ebenfalls in einer Felsspalte am Horeb/Sinai stehend hört der Prophet Elija nach vorangehendem Sturm, Erdbeben und Feuer Gott vorübergehen in einem leise flüsternden Ton (1 Kön 19,11ff.). Erst da tritt Elija heraus, das Gesicht verhüllt, um im Gespräch mit Gott einen neuen Auftrag zu vernehmen.
Wenn es um Gott geht, ist das Gehör der wichtigste Sinn des Menschen. Das Gehör nimmt auch von der biologischen Entwicklung des Menschen her eine Sonderstellung unter den Sinnen ein:
„Die Fähigkeit zu hören ist bei allen Säugern seit vielen Millionen Jahren mit der Fähigkeit zum Überleben verbunden. Im Laufe der Evolution haben sich die meisten Gehirnzentren, die Wahrnehmungen verarbeiten, in den Bereich der sich entwickelnden Großhirnrinde verschoben, etwa der Seh-, der Geruchs- und der Tastsinn. Das Hören (nicht aber die Sprache und das Sprachverständnis) hat diesen Umbau nicht mit vollzogen: Sein Zentrum ist in den älteren, tieferen Schichten des Gehirns geblieben. Einen Menschen, der schwer verletzt nach einem Unfall im Koma liegt, dessen Großhirn also nicht arbeitet, können akustische Informationen deshalb noch erreichen. In der embryonalen Entwicklung des Menschen ist das Gehör als erstes Organ, nämlich schon im fünften Schwangerschaftsmonat, so weit ausgebildet, dass es auf Laute reagiert."[20] Was wir hören, wirkt tiefer als das, was wir durch die anderen Sinne wahrnehmen.

Wir haben darum für die Bibelarbeiten in diesem Band eine Methode gewählt, bei der das Gehör die entscheidende Rolle spielt. Diese soll im folgenden Kapitel genauer beschrieben werden.

[20] NÖCKER, S. 46f.

II. Teil

Methodische Einführung

1 Erwachsenenbildnerische Arbeit mit Klängen

In den Bibelarbeiten dieses Bändchens, die sich mit Begegnungen zwischen Gott und Menschen beschäftigen, schlagen wir als methodischen Schwerpunkt die Arbeit mit Klängen vor. Als Klänge bezeichnen wir dabei alles, was wir hören können: Laute, Töne, Geräusche, Stimmen, Musik usw. Wie beim Malen die Farben und Formen oder beim Rollenspiel die Gesten und Worte soll hier nun das, was wir mit unseren Ohren wahrnehmen, zum Ausdrucksmittel werden. Was die biblischen Geschichten in uns anklingen lassen, bringen wir zum tönen, nehmen es wahr und verstehen damit die Texte und uns selbst neu.
Es geht also bei dieser Methode nicht darum, biblische Geschichten zu vertonen, sie Vers für Vers in eine Partitur zu verwandeln und aufzuführen. Es geht generell nicht um Aufführung „schöner Musik", sondern um Ausdruck und Wahrnehmung von Tönen. Dies ist unabhängig von Harmonielehre und Fertigkeiten des Instrumentenspiels möglich.
Die erwachsenenbildnerische Arbeit mit Klängen ist, verglichen mit anderen Methoden, wenig ausgearbeitet und wird seltener eingesetzt.[21] Sie hat (noch) keinen prägnanten eingebürgerten Namen. Dies mag mit den Besonderheiten der Wahrnehmung über das Ohr zusammenhängen.

Intimität

Das Ohr wird in der menschlichen Embryonalentwicklung vor dem Auge ausgebildet. Bereits im Alter von einigen Wochen nehmen ungeborene Kinder Geräusche wahr. Töne führen uns also zurück in sehr frühe Stadien unserer Menschwerdung. „Musik begleitet den Menschen von seiner vorgeburtlichen Zeit bis zum Ende seines Lebens. Schon im Mutterleib ist das Kind vielfältigen Geräuschen und Klängen ausgesetzt. Es hört neben lauten akustischen Reizen von außen den mütterlichen Herzschlag viele Millionen Male, die Geräusche des Bauches und die Stimme der Mutter. Das Kind kann diese gleich nach der Geburt wiedererkennen und von anderen Stimmen unterscheiden. Auch dann, wenn ein Mensch nach einem schweren Unfall im Koma liegt oder sterben wird, sind es oft

---

21 So wird beispielsweise im Neuen Handbuch religionspädagogischer Grundbegriffe (München 2002) unter dem Stichwort Musik (BITTNER, G., S. 79-82) methodisch nur das „Aufnehmen-, Verstehen- und Bewerten-Lernen" von fertiger Musik „in Bezug auf ihre religiös geprägte Herkunft und Botschaft" erwähnt. Jeder Hinweis auf die Möglichkeiten des Menschen fehlt, sich mittels Klängen auszudrücken und damit einen anderen Zugang zu sich selbst und zu religiösen Themen zu finden.

nur noch die Klänge von Musik oder vertrauten Stimmen, die ihn erreichen."[22] Die Wahrnehmung über das Ohr führt in elementare und intime Bereiche. Mit solchen Erfahrungen in einer Gruppe von Menschen zu arbeiten, ist eher ungewohnt und darum oft von Scheu begleitet.

Erziehung zum Piano

Kleine Kinder sind laut, sie äußern ihre Bedürfnisse, indem sie schreien. Aufwachsen heißt deshalb in unserer Kultur leiser werden. Größere Kinder werden dazu angehalten, ihre Bedürfnisse auf leisere Art anzumelden. Laut sein, gilt in der Öffentlichkeit als unfein. Wer schreit, hat die Beherrschung verloren und gilt darum als schwach. Diese Erziehung führt dazu, dass wir als Erwachsene normalerweise nur einen kleinen Teil unseres Potenzials, Laute zu erzeugen, nutzen. Hier ist in der erwachsenenbildnerischen Arbeit mit Klängen auch mit Schwellen zu rechnen, die - vorsichtig - zu überschreiten sind.

Lärm oder Musik?

Das Ohr lässt sich nicht verschließen wie das Auge. Wir sind ständig von einer Laut-Umwelt umgeben, die wir oft nicht auswählen und bestimmen können. Unser Hirn hat daher die Fähigkeit ausgebildet, Töne und Geräusche - bis zu einem gewissen Grad - selektiv wahrzunehmen. Wir können uns im Stimmengewirr einer großen Personenmenge auf eine bestimmte Stimme konzentrieren. Wir hören, wenn wir neben der Autobahn wohnen, das ständige Rauschen der Fahrzeuge nicht mehr bewusst. Wir machen aber oft die Erfahrung, dass beides ermüdet.
Da wir ständig von Geräuschen und Tönen umgeben sind, unterscheiden wir für uns zwischen „störendem Lärm" und „schönen Klängen". War man sich in früheren Zeiten gesellschaftlich noch eher über die Kriterien für diese Unterscheidung einig, ist in unserer lauten und individualisierten Gesellschaft für den einen Lärm, was für die andere guter Sound ist - und umgekehrt. Unvoreingenommenes Wahrnehmen von Tönen ohne sogleich zu entscheiden, ob das, was man hört, Lärm oder Musik ist, ist für uns eher ungewohnt. Die erwachsenenbildnerische Arbeit mit Klängen setzt jedoch die Bereitschaft dazu voraus, denn nur damit ist der Freiraum zum Experimentieren gegeben.

---

[22] NÖCKER, S. 30

Die Flüchtigkeit des Klangs

Töne verklingen. Auch wenn in der Vergangenheit Möglichkeiten geschaffen wurden, Musik zu notieren, um sie wieder spielbar zu machen, oder Klänge auf Tonträger aufzunehmen, um sie wiederholt anzuhören, bleibt die Flüchtigkeit des Klangs bestehen. In der erwachsenenbildnerischen Arbeit mit Klängen stellt uns dies (ähnlich wie mit Bewegungen) vor didaktische Schwierigkeiten. Können wir ein gemaltes Bild, einen geformten Gegenstand oder einen notierten Text vor uns hinlegen, um uns das Geschaffene zu vergegenwärtigen, unsere Beobachtungen dazu auszutauschen oder sogar daran weiterzuarbeiten, ist dies mit Tönen nicht möglich. Hier sind wir auf unsere Hör-Erinnerungen angewiesen, die erfahrungsgemäß immer sehr subjektiv ausfallen. Es ist darum nicht einfach, mit akustischen Ausdrucksmitteln thematisch zu arbeiten.

Ungerichtete Wahrnehmung

Akustische Wahrnehmung ist ungerichtet, d.h. wir nehmen alle Töne und Geräusche um uns herum wahr - manchmal ohne genau sagen zu können, aus welcher Richtung sie kommen. Während mehrere Menschen gemeinsam in einem Raum ein Bild malen oder eine stimmige Geste entwickeln können, ohne einander zu stören, braucht es etwas Gewöhnung, einen Klang, eine Melodie oder einen Rhythmus als Ausdruck für ein Gefühl oder einen Gedanken zu suchen, wenn man gleichzeitig die anderen mithört. Eine Aufteilung auf viele Räume ist nach unserer Erfahrung, selbst wenn sie möglich wäre, keine gute Lösung. Es geht zuviel von der Gruppenenergie verloren. Zudem ist es einfacher, sich in einem Gewirr mehrerer Stimmen auf die eigene zu konzentrieren als wenn nur zwei oder drei andere noch hörbar sind.
Diese Besonderheiten akustischer Wahrnehmung und die daraus resultierenden Schwierigkeiten in der erwachsenenbildnerischen Arbeit mit Klängen mögen dazu beigetragen haben, dass diese Methode noch wenig ausgearbeitet ist. Anregungen lassen sich bei benachbarten Feldern, etwa der Rhythmik, der musikalischen Grundausbildung, dem Orff-Schulwerk oder der Musiktherapie finden, obwohl diese andere Voraussetzungen und andere Ziele haben. Interessant sind zudem die Ergebnisse der Soundscape-Studies, die Hörumwelten in Vergangenheit und Gegenwart erforschen.

Rhythmik

Unser Leben ist eingebettet in regelmäßige Strukturen der Natur: Tag und Nacht, die Mondphasen, Ebbe und Flut, der weibliche Zyklus, die Jahreszeiten. Die Grundrhythmen des Menschen sind der Puls, der Zweierrhythmus des Gehens und der Dreierrhythmus des Atmens. Wir fühlen uns wohl, wenn wir in unserem eigenen Rhythmus leben können.
„Die ‚Rhythmik' oder die ‚Rhythmische Erziehung' bedient sich der Erkenntnisse um den Rhythmus und schafft auf der Basis von Wahrnehmung und Bewusstheit, von Bewegung in enger Verbindung mit dem Klang ihren ganzheitlichen pädagogischen Ansatz."[23] Dieser Ansatz wurde in den 20er Jahren des 20. Jahrhunderts vom Genfer Musikprofessor Emile Jacques-Dalcroze entwickelt.
„Lernen in der Rhythmik ist ganzheitlich, d.h. ein Lernen über Körper, Geist und Seele, und findet als Prozessgeschehen im ‚handelnden Tun' statt. Wahrnehmung der Gegebenheiten Raum, Zeit, Kraft, Form, Klang, Gruppe in Verbindung mit Bewegung, das Experimentieren und Improvisieren sind grundlegende Elemente. Diese werden durch Strukturieren und Ordnen in eine ‚rhythmische Gestalt' gebracht.
Der Mensch nimmt über die Sinne einen ‚Eindruck' auf, verweilt bei ihm, verarbeitet ihn und macht ihn als ‚Ausdruck' sichtbar. Die persönliche Gestimmtheit, die individuelle Ausdruckskraft ist dabei von Bedeutung, nicht das genormte ‚Produkt'."[24]
Die Rhythmik versteht sich als mögliche Basis für die verschiedenen künstlerischen Bereiche, setzt sich jedoch selbst Ziele im Bereich der Persönlichkeitsbildung:

- „Lernbedingungen zu schaffen, die den Menschen ganzheitlich, nicht nur ‚über den Kopf' beeinflussen;
- Wahrnehmungsfähigkeit, Bewusstheit, Sensibilität zu steigern;
- Phantasie und Ideenreichtum anzuregen und im aktiven Tun umzusetzen;
- Spontanes Handeln zu ermöglichen und flexibles Handeln zu erweitern;
- Eigene Handlungsprozesse in Gang zu setzen (handeln statt reden);

[23] EDLEDITSCH, S. 12
[24] EDLEDITSCH, S. 12

- Selbstbewusstsein und Entscheidungsfreude zu unterstützen;
- Ahnung zu bekommen von absichtsfreiem und spielerischem, nicht ausschließlich zweckgerichtetem Handeln;
- Raum und Zeit zum Durchatmen und Regenerieren zu geben;
- Kommunikations- und Kooperationsfähigkeit zu erleben, die nicht ausschließlich auf verbaler Verständigung beruht;
- Fähigkeiten wie Toleranz, Verantwortung, Rücksichtnahme, aber auch Durchsetzungsfähigkeit und Konfliktbereitschaft spielerisch zu erproben und zu erweitern;
- Sich des eigenen Rhythmus bewusst zu werden."[25]

Wenn wir für die erwachsenenbildnerische Arbeit methodische Anregungen aus der Rhythmik entnehmen, geht diese Zweckfreiheit ein Stück weit verloren. Rhythmik lässt sich jedoch gut mit thematischer Arbeit verbinden.[26] Impulse aus der Rhythmik können helfen, die biblischen Texte ganzheitlicher zu erleben und ihren rhythmischen Strukturen nachzuspüren.

Musikalische Grundausbildung und „Orff-Schulwerk"

Die musikalische Grundausbildung und das „Orff-Schulwerk" sind im Gegensatz zur Rhythmik auf den Erwerb musikalischer Fähigkeiten ausgerichtet. In der Praxis beeinflussen sich alle diese Bereiche jedoch sehr stark und werden oft auch nicht genau unterschieden. Die Angebote in allen drei Bereichen sind bis heute in der Praxis vorwiegend im Zeitraum der früheren Kindheit angesiedelt. Rhythmik und „musikalische Früherziehung", wie dies dann oft genannt wird, gelten als Vorbereitung der Kinder im Spielgruppen- und Kindergartenalter, bevor sie dann in der Schule „ein richtiges Instrument lernen". Wenn wir in der Erwachsenenbildung Instrumente und Spielformen aus diesen Bereichen einbringen, haben wir damit zu rechnen, dass ihnen ein „Kindergarten-Image" anhängt, das manche Teilnehmenden zunächst befremden mag. Meist überwiegt jedoch nach kurzer Zeit auch bei Erwachsenen die Freude am Experimentieren mit den erzeugbaren Tönen.
Erst in neuerer Zeit gibt es vereinzelt Angebote musikalischer Grundausbildung für Erwachsene und entsprechende methodische Überlegungen. Als Ziele einer musikalischen Grundausbildung für Erwachsene werden genannt:

---

[25] EDLEDITSCH, S. 13f.
[26] Vgl. EDLEDITSCH, S.166

- „Bedürfnisse der Teilnehmer zu befriedigen und zu differenzieren (z.B. nach sozialer Integration, Kommunikation, Produktivität),
- Erleben, Erkennen, Benennen als Aneignungsfolge zu realisieren,
- nonverbale Kommunikationsmöglichkeiten zu schaffen (Austausch über körperliche Bewegung, mit Tönen und Klängen, mit Farben und formbaren Materialien),
- elementare Improvisationen bei Beachtung der Wechselwirkung zwischen Freiraum und Regel anzuregen und
- eine verbale Rückkoppelung des Gruppengeschehens (Feedback) anzustreben, um von der Handlungsebene zu Erkenntnissen zu gelangen und die Gruppenentwicklung zu fördern."[27]

Hier tritt die Vorbereitung auf das Erlernen eines Instruments in den Hintergrund zugunsten sozialer, kommunikativer und integrativer Ziele. Töne und Klänge werden zum Mittel, sich selbst in einer Gruppe auszudrücken und einzubringen und die anderen Gruppenteilnehmerinnen und -teilnehmer wahrzunehmen und zu verstehen. Der verbale Austausch über das mit der Musik erlebte erhält größeres Gewicht.

Musiktherapie

Musiktherapie ist weder eine Erfindung unserer Zeit noch unserer Kultur. „Musik war und ist bei vielen Völkergemeinschaften immer schon eng mit Heilmethoden verbunden - früher und in sogenannten primitiven Kulturen mit Ritualen verknüpft, bei uns heute als Medium in einem therapeutischen Prozess. Musik besteht aus Rhythmus, Klang, Melodie, Harmonie, Geräuschen und der Stille dazwischen. Diese Anteile stehen zueinander in Beziehung und berühren in ihrer Gesamtheit den Menschen. Dabei vermag Musik tiefste vorgeburtliche und vorsprachliche Schichten anzurühren, Vorstellungen, Bilder und Assoziationen freizusetzen, Gefühle zuzulassen und zu verändern."[28]

Als Beginn der schriftlich überlieferten Geschichte der Musiktherapie gilt die alttestamentliche Erzählung vom Lautenspieler David, der die depressiven Verstimmungen des Königs Saul mit seiner Musik lindern konnte (1 Sam 16,23). Aber auch aus anderen antiken Kulturen gibt es Zeugnisse der Verwendung von Musik in medizinischen Zusammenhängen.[29]

---

[27] JOHANNES-PLUTO, S. 83

[28] NÖCKER, S. 31

[29] Vgl. RENZ, S. 29f.

Die Verwendung von Musik in der Heilkunde hat sich durch die Jahrhunderte verändert. Verschiedene Kulturen pflegen ihre eigenen musiktherapeutischen Formen. In unserer Gesellschaft hat sich die Musiktherapie im Zusammenhang mit der Entwicklung der verschiedenen psychotherapeutischen Richtungen zu einem vielfältigen Arbeitsfeld entwickelt. In neuerer Zeit wird dieses durch Klangtherapien ergänzt, die wieder auf Traditionen anderer Kulturen zurückgreifen.

„Was wir heute unter Musiktherapie verstehen, ist angewandte Psychotherapie mit Musik. Sie arbeitet als rezeptive und/oder als aktive therapeutische Methode, mit dem Hören und/oder der Improvisation. Wenn irgend möglich, soll der Patient anschließend das Erlebte in Worte fassen, damit es über das Gespräch verstanden und bearbeitet werden kann."[30]

„Musiktherapie als psychotherapeutische Methode ist der Versuch, geistige, psychische oder körperliche Leiden bei einem Patienten mit dem Mittel der Musik fühlbar und bewusst zu machen und sie dadurch einer Heilung zuzuführen. ... Er kann Verwirrungen mit rhythmischen, melodischen oder klanglichen Ausdrucks- oder Eindrucksmustern ordnen, Widersprüche zwischen Gefühl und Handlung darstellen und aufdecken, Konflikte ausspielen und die Dynamik psychischer Zustände hörbar machen."[31]

Wie in der Psychotherapie generell beruht die Heilwirkung auf der therapeutischen Beziehung, die in der Musiktherapie zu einer musikalischen Partnerschaft erweitert ist. Der Therapeut oder die Therapeutin bringt sich selbst ins musikalische Zusammenspiel ein.[32]

Die erwachsenenbildnerische Arbeit mit Klängen ist natürlich klar von musiktherapeutischen Formen abzugrenzen. Sie hat keine Heilwirkung zum Ziel. Anregungen lassen sich aber finden, denn es geht auch in der erwachsenenbildnerischen Arbeit darum, mit Klängen Gefühle auszudrücken, einander genau zuzuhören, miteinander zu kommunizieren. Wie bei der Musiktherapie ist der anschließende verbale Austausch ein wichtiger Teil der Arbeit mit Klängen.

---

[30] NÖCKER, S. 34
[31] HEGI, S. 152
[32] Vgl. HEGI, S. 162f.

Soundscape Studies

In den 70er-Jahren des 20. Jahrhunderts begann der kanadische Wissenschaftler R. Murray Schafer systematisch mit der Erforschung klanglicher Umwelten. Mit Hilfe literarischer Zeugnisse erschließt er Hörerlebnisse vergangener Zeiten und beschreibt die Wandlung der Klanglandschaften bis in die heutige Zeit. Während Schafers Forschungen in Ostasien auf großes Interesse stießen, wurden seine Veröffentlichungen in Europa erst in den letzten Jahren bekannter, was auf die in unserer Kultur verankerte Unterscheidung und Wertung von Musik und Geräusch zurückzuführen sei: „Es wirkt hier eher der kulturelle Grundsatz, dass Sprache von Musik und Musik von Geräusch zu unterscheiden und zu schützen sei. Während Sprache als nützlich und poetisch gilt, Musik vor allem als poetisch und erbaulich, wird das Geräusch als nutzlos und lästig bewertet - allenfalls für die akustische Orientierung nützlich, die einen davor bewahrt, von einem herandröhnenden Fahrzeug überfahren zu werden. Wenn der künstlerische klangliche Ausdruck und der Ausdruck der klanglichen Umwelt auf diese Weise voneinander isoliert werden, hat jede Bemühung um eine Öffnung es schwer, eine Wirkung zu entfalten."[33]

Schafer bleibt jedoch nicht bei der Analyse der Klanglandschaften stehen, sondern vertritt die Ansicht, wir könnten und sollten unsere Klang-Umwelt, gerade in den großen Städten, wo wir sie häufig nur noch als Lärm wahrnehmen und uns ausgeliefert fühlen, genau so gestalten wie wir dies in Bezug auf den Raum mit Städteplanung und Architektur tun. Ein erster Schritt dazu ist das bewusste Hören der Laute und Geräusche, die uns alltäglich umgeben. Schafer entwickelte dazu einen Ansatz, den er „soundscape-design" nennt. „Das ließe sich realisieren, wenn mehr und mehr Menschen dazu angehalten würden, den Klängen der Umgebung aufmerksamer und zugleich kritischer Gehör zu schenken. Welche Klänge möchten wir bewahren? Wie können sie betont werden, so dass der Grundcharakter der jeweiligen Umgebung erhalten bleibt und angenehmer wird? Ich glaube, dass der Weg zu einer Verbesserung der globalen Klangsphäre im Grunde sehr einfach ist. *Wir müssen hören lernen.*"[34]

Schafer hat zu diesem Ziel eine Reihe von Hörübungen vorgeschlagen, die für die erwachsenenbildnerische Arbeit mit Klängen anregend sind.

[33] Justin Winkler im Vorwort zu SCHAFER 2002, S. 10

[34] SCHAFER 2002, S. 16

3 Wie wir in diesen Bibelarbeiten Klänge einsetzen

Klänge als Ausdrucksmittel

Wir gehen davon aus, dass alle Menschen im Lauf ihres Lebens vielfältigste Klangerfahrungen gemacht haben. Klänge als Sinneseindrücke speichern erlebte Gefühlsregungen und sind mit Erinnerungen verbunden. Wenn wir bestimmte Klänge wieder hören, tauchen Situationen auf, werden Gefühle wach. Sie sind für uns nicht neutral, sondern bereits mit Assoziationen und Bedeutungen verbunden, biographisch geprägt. Das heißt auch sehr subjektiv und darum nie falsch.
Wenn die Teilnehmenden Klänge produzieren, um etwas auszudrücken, das sie fühlen oder denken, greifen sie auf diese Klangerfahrungen zurück. Sie suchen einen dem entsprechenden Klang. Dies ist tatsächlich eine Suche, denn die meisten Menschen sind es nicht gewohnt, sich mittels Klängen auszudrücken. Sie stellen sich vielleicht einen bestimmten Klang vor, wissen aber nicht, wie er zu erzeugen ist. Vielleicht ist er mit den Mitteln, die wir zur Verfügung stellen können, auch nicht genau erreichbar, allenfalls annähernd. Manchmal stellt sich die Vorstellung beim Spielen dann als unstimmig heraus. Oft zeigt sich, dass unsere ersten Klangvorstellungen weniger vom eigenen Empfinden als von gesellschaftlichen Konventionen bestimmt sind.

Am Ende der Bibelarbeit 1, als die Teilnehmenden ihre „Gottesklänge" suchten, griffen mehrere ohne lange zu überlegen zu Glocken. Beim konzentrierten Spielen und Hören meinte dann eine Teilnehmerin kopfschüttelnd: „Nein, wie komme ich auch auf diesen Klang, eine Trommel brauche ich!" Sie hatte sich wohl durch die Assoziation Kirchenglocken – Gott dazu verleiten lassen, einen Klang zu wählen, der im Moment ihren Empfindungen gar nicht entsprach. Dies zeigte sich jedoch erst im Hören. Ihr wurde dadurch bewusst, wie sehr sie sich (noch) von konventionellen Gottesbildern leiten ließ. Sie spürte aber auch, dass ihre eigenen Erfahrungen eine ganz bestimmte Qualität hatten, die sie ausdrücken konnte, einen hörbaren Klang.

Manchmal finden sich auf dieser Suche neue oder vergessene Klänge, zeigen sich eigene Ausdrucksmöglichkeiten, die noch nie (oder schon lange nicht mehr) genutzt wurden.

In der Bibelarbeit 5 hatte ein Teilnehmer als zentrales Wort aus dem Hosea-Text für sich den brüllenden Löwen gewählt. Für den Klang-Ausdruck suchte er sich kein Instrument, sondern gab dem Löwen seine eigene Stimme, indem er tief und laut brüllte. Durch diese Erfahrung, meinte er im anschließenden Austausch, hätte er seine männliche Kraft auf ganz neue Art gespürt. Sein Brüllen brachte im gemeinsamen Spiel in den eher von den zarten Klängen des im Text mütterlich gezeichneten Gottes eine spannungsvolle Farbe. Diese Klangerfahrung bereicherte für die ganze Gruppe das Verständnis des Textes und die Diskussion um männliche und weibliche Züge Gottes.

Klänge als Kommunikationsform

Musik war ursprünglich ein Mittel zur Kommunikation. Mit Klängen kann man sich verständigen, einander etwas erzählen, in einen Dialog treten. Natürlich tun wir das auch, wenn wir miteinander reden. Doch da ist die Botschaft des Klangs überdeckt von der Bedeutung der Worte, stimmt mit ihr überein - oder auch nicht. In der Kommunikation mit Klängen kommt manches deutlicher zum Ausdruck: Gefühlsqualitäten, Energie, Dominanz und Unterordnung, Miteinander oder Nebeneinander. Auf diese Weise lernen die Beteiligten sich selbst und ihr Kommunikationsverhalten auf neue Art kennen.

In der Bibelarbeit 1, in der es um den partnerschaftlichen Dialog geht, „erwischte" eine eher scheue Teilnehmerin ein Instrument, das sich beim Spielen als recht laut erwies. Ihr Dialog-Partner hatte dagegen ein Instrument mit eher zartem Klang gewählt. Zuerst erschrak die Teilnehmerin und spielte einen Moment lang mit dem Gedanken, das Instrument umzutauschen. Ermuntert durch ihren Partner blieb sie jedoch dabei. Im Dialog-Spiel machte sie damit ganz neue Kommunikationserfahrungen. Die Rückmeldung des Partners, es sei sehr angenehm, mit einer „lauten und deutlichen Stimme" im Gespräch zu sein, freute sie. Ihre Befürchtung, andere zu stören oder sogar zu übertönen, erwies sich als unbegründet. Im Austausch über den Text - das Gespräch Abrahams mit Gott - meinte sie dann aufgrund dieser Klangerfahrung: „Abraham musste hier wohl auch mit fester Stimme sprechen und seine Furcht überwinden, sonst hätte er nicht auf diese Weise zum gleichberechtigten Gesprächspartner Gottes werden können."

Diese Art der Kommunikation führt so zu einem vertieften Verständnis der Kommunikation, von der in den biblischen Texten berichtet wird.

Vielklang

Im Hören auf die einzelnen Klänge der anderen Teilnehmenden wird die Vielfalt der Wahrnehmung, des Erlebens, des Verstehens deutlich. Da nicht nach besseren, zutreffenderen Klängen gefragt wird, wächst das Verständnis dafür, dass Gotteserfahrungen vielfältig klingen und dass biblische Geschichten ganz Unterschiedliches anklingen lassen.

Zusammenklang

Versuchen wir, die einzelnen Klänge zu einem Zusammenklang zu bringen, verstehen wir, dass sich aus der Vielfalt der Klänge ein neuer Klang ergibt. Dieser neue Klang ist dann differenziert wahrnehmbar, wenn sich die einzelnen Mitspielenden einmal deutlich hören lassen, dann jedoch wieder in den Hintergrund treten oder eine Pause einlegen. Dabei lässt sich erahnen, dass die vielfältigen Gotteserfahrungen und -vorstellungen sich nicht ausschließen, sondern zusammen ein neues Bild ergeben, das sich immer wieder wandelt und immer wieder anders klingt.

Schritte der thematischen Arbeit mit Klängen

Je nachdem, zu welchem Ziel und in welcher Phase des Verlaufs wir eine Arbeitssequenz mit Klängen einfügen, ist diese wieder etwas anders aufgebaut. In den Bibelarbeiten hinten sind die Schritte im Detail notiert und kommentiert. Der Grundablauf sieht so aus:

- Ausprobieren verschiedener Instrumente
- Auswählen des Instruments, mit dem ich jetzt zu dieser Aufgabenstellung arbeiten will
- Ausprobieren der Klangmöglichkeiten des gewählten Instruments
- Finden des Klangs, der Melodie, des Rhythmus, mit dem ich das zur Aufgabe Gestellte ausdrücken will
- Reihum Spielen und Anhören der einzelnen Klänge
- Evtl. gemeinsames Spiel
- Austausch, Klangerfahrungen für die thematische Arbeit fruchtbar machen

4 Zum Ablauf der Bibelarbeiten

Da wir damit rechnen, dass die Arbeit mit Klängen für die meisten Teilnehmenden eher ungewohnt ist, beginnen unsere Verlaufsvorschläge für die Bibelarbeiten jeweils mit einer Einstimmungsphase (EINSTIMMUNG), die Vertrautheit mit der Methode und dem entsprechenden Material sowie Raum zum Erproben der eigenen Möglichkeiten bietet. Dabei steht jeweils ein anderes Element der Arbeit mit Klängen im Vordergrund: das Hören auf Geräusche, der Atem, der Rhythmus, die eigene Stimme, die Klänge verschiedener Materialien, die Spielmöglichkeiten der Instrumente usw. Diese Einstimmungsphase nimmt manchmal bereits Aspekte des biblischen Textes auf (beispielsweise den Lebensatem bei der Menschenschöpfung in der Bibelarbeit 2 oder die im Psalm genannten Stimmäußerungen in der Bibelarbeit 7) oder führt auf die Textarbeit hin (beispielsweise das klangliche Ausdrücken von Gefühlen als Vorbereitung zur Analyse der im Text genannten Gefühle Gottes in der Bibelarbeit 3).
Im mittleren Teil (TEXTVERSTEHEN) geht es um das Verstehen und Erschließen des Textes. Hier arbeiten wir in einzelnen Sequenzen mit verschiedenen erwachsenenbildnerischen Methoden.
Im letzten Teil (AUSKLANG) greifen wir nochmals auf die Arbeit mit Klängen zurück. Hier werden die Erfahrungen und Erkenntnisse gebündelt: Das für jede Person Wesentliche wird noch einmal verbal und klanglich ausgedrückt.
Wir schlagen in diesen Bibelarbeiten bewusst keine „fertige Musik" zum Hören und keine vorgegebenen Lieder vor, um die Klangwelt ganz der Produktion und Improvisation der Teilnehmenden zu überlassen.
Die Bibelarbeiten sind von uns auf eine Zeitspanne von 150 Minuten geplant. Wir rechnen damit, dass an geeigneter Stelle im Ablauf eine Pause eingeschoben wird.
Die vorgeschlagene Reihenfolge der Bibelarbeiten scheint uns thematisch und methodisch sinnvoll, ist aber nicht zwingend. Die Bibelarbeit 7 ist vom Zeitablauf her so konzipiert, dass der Abschluss eines längeren Kurses integriert werden kann.
Möglich ist es auch, vorgängig zu den Bibelarbeiten eine Einstiegseinheit zu planen, in der die Teilnehmenden sich kennen lernen und mit der Methode der Arbeit mit Klängen vertraut werden können (hier wäre evtl. der Einbezug einer Rhythmiklehrerin oder eines Musiktherapeuten sinnvoll). Die Arbeit an den Texten wäre danach intensiver.

5 Praktische Hinweise

Raum

Ideal ist ein großer Raum, der nicht allzu sehr hallt und nicht zu sehr Geräuschen von außen ausgesetzt ist. Umgekehrt soll es aber im Raum auch laut werden dürfen. Wenn die Teilnehmenden befürchten müssen, andere Personen oder Gruppen zu stören, vergrößern sich die Hemmungen gegenüber dem freien Ausdruck mit Klängen.
Der Raum soll neben dem Stuhlkreis Platz für Tische bieten, auf denen das Klang-Material so bereitgelegt werden kann, dass alle Teilnehmenden gleichzeitig Zugang dazu haben. Tische und Stühle am Rand bieten Sitzgelegenheiten für Einzelarbeiten. Möglicherweise sind zusätzlich noch kleinere Räume für Gruppengespräche vorhanden.

Material

Für die Arbeit mit Klängen stellen wir den Teilnehmenden eine Auswahl von klingenden Objekten zur Verfügung. Das sollen nicht nur Musikinstrumente sein, sondern auch Alltagsgegenstände. Ein Gang durch die Küche oder die Bastelwerkstatt wird schon einiges an Material liefern: Eierschneider zum zupfen, Flaschen zum hineinblasen, Gläser zum reiben, Raffeln zum schaben und natürlich Töpfe, Deckel und Kellen als Rhythmusinstrumente. Bei den Musikinstrumenten denken wir nicht an Stradivari-Geigen, sondern an einfache Instrumente, mit denen jede Person Klänge erzeugen kann ohne das Gefühl zu haben, erst üben zu müssen. Hier kann ein Gang durch die Kinderzimmer - oder allenfalls durch die Spielwarenabteilungen - einiges zutage fördern: Mundharmonika, einfache Flöten (Mundstücke aus Plastik können nach dem Gebrauch einfach gewaschen werden), ein kleines Xylophon oder eine Trommel, aber auch Party-Trompeten und verschiedene klingende Spielsachen - vielleicht nicht allzu offensichtlich aus der Baby-Abteilung. Möglicherweise sind von Reisen in fernere Länder oder vom Bummeln über Ethno-Märkte klingende Mitbringsel vorhanden. In Musikgeschäften lassen sich kleinere Instrumente wie Triangel, Fingerzimbeln usw. für wenig Geld dazukaufen. Rasseln mit verschiedenen Klängen können wir mit kleinen verschließbaren Behältern aus unterschiedlichen Materialien und gefüllt mit verschiedenem Inhalt (Sand, Reiskörner, Linsen...) leicht

selbst herstellen[35]. Vielleicht ist es auch möglich, in einem Kindergarten oder einer Musikschule für die Zeit des Kurses einige Instrumente (z.B. Klangstäbe, die recht teuer sind) auszuleihen.
Wichtig ist, dass für die Teilnehmenden eine genügende Anzahl von Objekten zur Auswahl vorhanden ist und dass diese eine große Vielfalt von Klängen ermöglichen. Die Klang-Objekte liegen jeweils zu Beginn der Einheiten auf Tischen bereit, so dass die Teilnehmenden dann in Ruhe wählen und ausprobieren können.

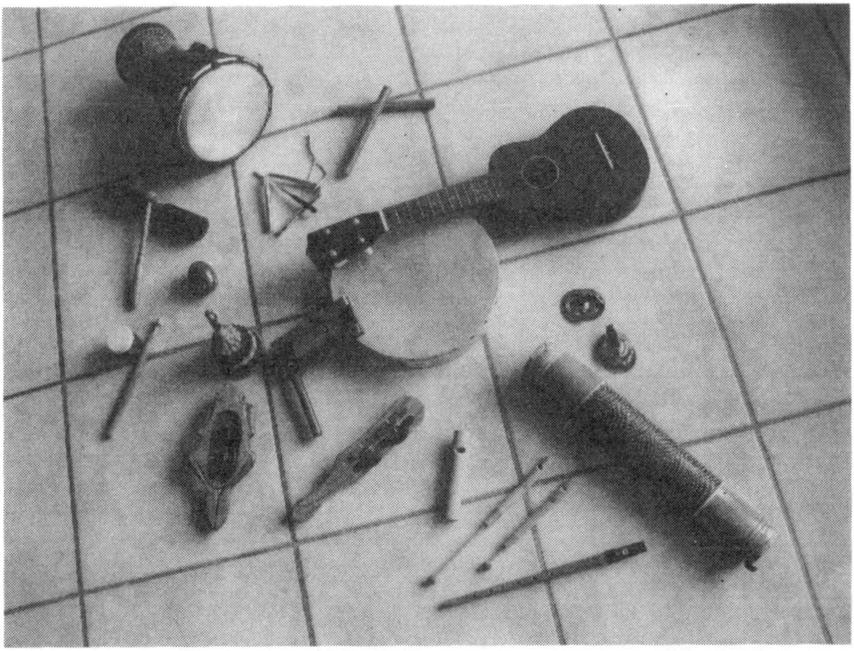

Zeit

Für diese Auswahl- und Experimentierphasen soll genügend Zeit vorhanden sein, damit die Teilnehmenden die verschiedenen Klangmöglichkeiten kennen lernen können und wirklich das Instrument finden, mit dem sie sich im Moment ausdrücken wollen. Zu Beginn wird es wahrscheinlich nötig sein, sie zum Ausprobieren der Instrumente wirk-

---

35 Ideen und Anleitungen zur Herstellung einfacher Musikinstrumente siehe MARTINI.

lich zu ermutigen und den Gebrauch des einen oder anderen auch noch kurz zu zeigen oder zu erklären.
Für die Abschlussphasen braucht es ebenfalls Zeit, auch wenn die einzelnen Personen jeweils nur kurz ihre Klänge spielen. Nur in einer Atmosphäre der Ruhe ist es möglich, auf die einzelnen Klänge und ihre Nuancen zu hören und den Ausdruck wirklich aufzunehmen. Wenn das Gefühl aufkommt, noch schnell etwas herunterspielen zu müssen, hat es keinen Sinn. Darum soll die Leitung schon bei der Planung überlegen, welche Schritte gekürzt oder weggelassen werden können, um dem Abschluss genügend Raum zu lassen.

Voraussetzungen bei der Leitung

Wir setzen für die Arbeit mit Klängen weder bei den Teilnehmenden noch bei den Leitenden besondere musikalische Kenntnisse oder Fertigkeiten voraus. Unserer Erfahrung nach stehen die Ansprüche an die Reinheit von Klängen und die Musikalität des Ausdrucks, die das Erlernen eines Musikinstruments begleiten, der unbefangenen Experimentierfreude oft im Wege. Allerdings sollten die Leitenden selbst Erfahrungen mit bewusstem Hören und dem Produzieren von verschiedenen Klängen gemacht haben. Das ist jedoch in einem Team bei der Vorbereitung des Kurses leicht möglich, wenn das Klangmaterial zusammengetragen ist und man sich genügend Zeit nimmt - und es wird zudem viel Spaß machen.

Texte

Wir arbeiten mit Textblättern, die vorgängig von der Leitung zusammengestellt und kopiert werden müssen. Wir haben jeweils verschiedene Übersetzungen verwendet, manchmal sogar aus verschiedenen Übersetzungen (und mit einem Blick in den Urtext) eine eigene zusammengestellt. In den inhaltlichen Kommentaren zu den Bibelarbeiten weisen wir da, wo wir es nötig finden, auf geeignete Übersetzungen hin. Manche Gemeinden verwenden jedoch auch gerne ihren gewohnten Wortlaut.
Wir schlagen eine Gliederung der Texte für die Textblätter vor, die den Sequenzen der Bibelarbeit entspricht. Sie ist jeweils im methodischen Kommentar zu den Bibelarbeiten angegeben.

III. Teil

Bibelarbeiten

1 Gott überprüft seine Entscheidung (Gen 18,17-33)

Gott zieht Abraham ins Vertrauen über seine Entscheidung, Sodom und Gomorra zu vernichten. Daraus ergibt sich ein tiefsinniger, aber auch amüsanter Dialog. Er erinnert an das Feilschen in einem orientalischen Basar mit ganz eigenen Klängen und Rhythmen. Er ist aber auch ein Gespräch auf dem Weg – Schritt für Schritt. Im Gleichgewicht zwischen Hören und Reden ereignet sich partnerschaftlicher Dialog.

Dauer	*Inhalt und Vorgehen*	*Material*
	EINSTIMMUNG	
15′	**Hörübung** *Plenum, im Stuhlkreis* evtl. Augen schließen LT erzeugt unterschiedliche Geräusche (3-4 mal) Gedanken und Bilder dazu nennen Austauschgespräch: • Was Töne alles auslösen können...	z.B. Steine, Wasser, Zeitung, Stoff
30′	**Partnerschaftlicher Dialog** *Plenum, Bewegung im Raum (Stühle am Rand)* Instrument und PartnerIn wählen Aufgaben: • Die eigene „Stimme“ finden • Mit dem Partnerinstrument einen Dialog führen • Den Dialog in Distanz weiterführen • Austausch zu zweit: Wie ist es mir ergangen? *Plenum, im Stuhlkreis* • Was macht einen partnerschaftlichen Dialog aus? • Wo liegen die Schwierigkeiten? • Wann kann er gelingen? Es wird eine Kriterienliste notiert	Instrumente Overhead-Projektor, Folie oder Flipchart, Stifte

	TEXTVERSTEHEN	
65′	**Gott und Abraham im Gespräch** *Plenum, im Stuhlkreis* Gen 18,17-33 vorlesen Text verteilen und von den TN still lesen lassen 18,23-32 mit zwei Stimmen lesen Austauschgespräch: • Wie könnte man die beiden Dialogpartner charakterisieren? • Was sagt der Text über Gott, was über Abraham? • Zu welchem Ergebnis kommen die beiden? • Welcher Vers hat mich besonders angesprochen? • Welche Fragen wirft der Text bei mir auf? *Gruppenarbeit (3er-4er Gruppen)* • Inwiefern ist dies ein partnerschaftlicher Dialog? • Entspricht er unserer Kriterienliste? Ergebnisse auf Plakate schreiben, aufhängen *Plenum, im Halbkreis* Plakate lesen, ev. kurz kommentieren, ergänzen	Textblätter Plakate, Stifte, Kriterienliste, Textblätter
	AUSKLANG	
40′	**Was ist das für ein Gott?** *Einzelarbeit, je für sich gleichzeitig im Raum* Instrument wählen und den eigenen „Gottesklang" suchen • so höre ich den Gott, der mir in dieser Geschichte begegnet *Plenum, im Stuhlkreis* Reihum die „Gottesklänge" spielen und unkommentiert anhören *Einzelarbeit* • Was bedeutet es für mich, mit diesem Gott in einem Dialog zu sein? persönliche Gedanken notieren *Plenum im Stuhlkreis* Möglichkeit, etwas dazu zu sagen Zum Abschluss die Gottesklänge noch einmal hören – vielleicht haben sie sich verändert?	Instrumente Schreibzeug

Kommentar

Raum und Einrichtung: Für den Einstieg wird ein Stuhlkreis benötigt. Auf einem Tisch außerhalb des Kreises liegen möglichst viele Instrumente und klingende Alltagsgegenstände. Ideal ist es, wenn Nebenräume für die Gruppenarbeit zur Verfügung stehen.

Textblatt: Der Text ist in drei Abschnitte geteilt: Verse 17-22 / 23-32 / 33.

Hörübung: Sie soll die Wirkung von Höreindrücken bewusst machen und bereitet auf ein wesentliches Element des Hauptthemas „Dialog" vor: das Hören.
Von der Leitung werden Töne erzeugt, beispielsweise Rascheln mit der Zeitung, Aufeinanderschlagen von Steinen, Zerreißen von Stoff, Gießen von Wasser oder andere. Geräusche können angenehme oder unangenehme Empfindungen auslösen. Es empfiehlt sich, mit einem leisen, angenehmen Klang zu beginnen, aber laute, schrille Töne nicht zu meiden. Nach jedem Geräusch, das mehrmals erzeugt wird bzw. eine Weile lang zu hören sein soll, ist eine kurze Pause zu machen, damit Bilder und Assoziationen aufsteigen können, die von den Teilnehmenden nur stichwortartig benannt werden. Dann wird das nächste Geräusch angekündigt. Im abschließenden Gespräch geht es nicht darum, die Quelle der Geräusche zu erraten, sondern wahrzunehmen, was das Gehörte ausgelöst hat (z.B. Wohlgefühl, Abneigung, Schrecken, bestimmte Erinnerungen oder Bilder).

Partnerschaftlicher Dialog: Was wir hören, kreiert Bilder, die mit unseren Erfahrungen korrespondieren. All das bestimmt auch unser Gesprächsverhalten. Unser Gehörsinn sitzt im gleichen Labyrinth wie unser Gleichgewichtssinn. Im Gleichgewicht, d.h. gleich wichtig zu sein, ist ebenfalls wesentlich für einen partnerschaftlichen Dialog.
In diesem Teil versuchen die Teilnehmenden im Gehen, auf dem Weg über den eigenen Klang(körper) Kontakt aufzunehmen und in einen Dialog zu kommen. Es ist vor der Partnerwahl genügend Zeit nötig, um den eigenen Klang, die eigene Stimme zu finden und auf die Klänge der anderen zu hören. Wenn diese Einheit als erste durchgeführt wird, müssen die Teilnehmenden zunächst ausreichend die Möglichkeit haben, die Klang-Objekte kennen zu lernen und auszuprobieren.
Der Dialog der Klänge (Aufgabe 2) sollte mit der Zeit möglichst über den Hör-, nicht über den Sichtkontakt geführt werden können: z.B. mit geschlossenen Augen oder mit dem Rücken zur Raummitte. Stehen die

Partner zunächst noch in der Nähe, bewegen sie sich später in größerer Distanz durch den Raum und versuchen, den Dialog aufrechtzuerhalten. Der hohe Geräuschpegel könnte als problematisch empfunden werden. Das entspricht jedoch durchaus der gelegentlichen Wirklichkeit von Dialogsituationen in einem schwierigen Umfeld. Das Gehirn hat die Fähigkeit, Töne zu filtern, so dass es möglich ist, einen bekannten Ton auch in einem Gewirr anderer Klänge herauszuhören.
Die Dialogpartner finden sich zu einem kurzen Austausch zusammen. Dann werden die Instrumente zurückgelegt und die Stühle wieder zum Kreis gestellt. Gemeinsam stellen die Teilnehmenden die Kriterienliste für einen Dialog auf. Wenn dies auf einer Overhead-Folie geschieht, kann die Liste für die spätere Gruppenarbeit kopiert werden.

Gott und Abraham im Gespräch: Durch das mehrmalige Lesen bzw. Hören soll der Text in seiner Eigenart vertieft wahrgenommen werden. Das letzte Lesen mit zwei Stimmen (Gott und Abraham, ohne die Zwischenworte des Erzählers!) richtet den Fokus auf die spezielle Art des Dialogs. In dieser Sequenz sollen auch Fragen zum Text geklärt werden können. Möglicherweise drängen sich Fragen zur Gerechtigkeit Gottes und aktuelle Bezüge in den Vordergrund. Hier ist sowohl Flexibilität von der Leitung verlangt, als auch eine vom Text vorgegebene Zurückhaltung hinsichtlich einer abschließenden Antwort.
Für die Gruppenarbeit soll die gemeinsam erstellte Kriterienliste für alle sichtbar sein. Wenn die Gruppen sich auf verschiedene Räume verteilen, wird die Liste kopiert und jeder Gruppe mitgegeben.

Was ist das für ein Gott?: Die Teilnehmenden versuchen, den Gott, der ihnen im Text, im Verlauf dieser Bibelarbeit, begegnet ist, zu Gehör zu bringen, ihm eine Stimme, einen Klang zu geben. Wie klingt dieser Gott für mich?
Die Einzelarbeit zur Frage „Was bedeutet es für mich, mit diesem Gott in einem Dialog zu sein?" ist so etwas wie ein persönliches Gespräch. Was würde ich mit Gott verhandeln? Die Leitung weist darauf hin, dass die Notizen bei den Teilnehmenden bleiben. In der Abschlussrunde ist es den Teilnehmenden freigestellt, etwas von den notierten Gedanken im Plenum zu äußern. Die „Gottesklänge" werden zum Schluss nochmals angehört, ohne sie zu diskutieren. Die Frage, ob sie sich verändert haben, ist als stille Aufforderung zum genauen Hinhören zu verstehen.

Gedanken und Informationen zum Dialog zwischen Gott und Abraham

Der Kontext

Dem Gespräch geht die Erzählung vom Besuch der drei Fremden in Abrahams Zelt im Schatten der Eichen von Mamre mit der Sohn-Verheißung für Sara voraus (Gen 18,1-16). Anschließend begleitet Abraham die Männer auf dem Weg zu ihrem berüchtigten Reiseziel: Sodom steht für Gewalttätigkeit und Lebensfeindlichkeit. Der Erzähler lässt zwei der Männer nach Sodom vorausgehen. Das nun geführte Zwiegespräch zwischen Gott und Abraham ist eine redaktionelle Verknüpfung der Abraham-Geschichten mit den Lot-Geschichten. In dem unserem Text folgenden Kapitel wird dann vom Untergang Sodoms und Gomorras erzählt (19,1-25).

Der Dialog findet abseits der Zelte statt, weg von aller Alltagsgeschäftigkeit. Ruhe und Weite sind hier. Horizonterweiterung ist möglich. Sodom liegt 1'500 Meter tiefer als Mamre.

Der Dialog

Auf dem Weg „hinunter“ erzählt Gott vom Klagegeschrei über Sodom und Gomorra, das zu ihm gedrungen ist. Das Unrecht wird beim Namen genannt und verortet. Nun will er hinab gehen und sich selbst ein Bild machen. Er „will es wissen“ (18,21).

Indem Gott Abraham in sein Vorhaben einweiht, will er ihm nicht nur seine Handlungsweise verständlich machen, sondern verleiht ihm auch Urteilskompetenz über das, was gut und recht ist, denn das soll Abraham ja seinen Nachkommen weitergeben (18,19). Gleichzeitig stellt er damit seine Entscheidung, die Stadt zu zerstören (die in Vers 17 nur angedeutet, nirgends klar ausgesprochen, aber in Vers 23 wieder vorausgesetzt ist) nochmals zur Disposition und bezieht Abraham in einen neuen Entscheidungsfindungsprozess mit ein. Es entsteht ein Dialog auf gleicher Ebene - Auge in Auge. Nahm Abraham früher erschrocken, schweigend, vertrauend die Anweisungen Gottes entgegen und baute Altäre (z.B. 12,1 ff.; 13,18; 15,1.6), steht er jetzt selbstbewusst vor Gott und fordert einen Wechsel der Perspektive. Nichts ist mehr zu spüren von der devoten Haltung des Gastgebers, der sich „bis zur Erde verneigte“ (18,2), vielmehr tritt er nun kühn Gott näher und erhebt seine Stimme für die Gerechten in der Stadt. Die Einleitungen seiner Rede in den Versen 27 und 30 unterstreichen noch sein gewagtes Verhalten.

Die Veränderung Abrahams ist möglich, weil Gott verändert wahrgenommen wird. Es begegnet uns ein hörender Gott, der dialogbereit ist, nicht allwissend, nicht omnipotent, ein Gott, der sich überzeugt bzw. überzeugen lässt, der sorgfältig vorgeht, bevor er ein Urteil fällt. Indem Gott sein Herz öffnet, kann Abraham sich ein Herz fassen und „mit seinem Herrn reden".

Der Gesprächsgegenstand

Dass Unrecht in den Städten geschieht, steht nicht zur Diskussion. Verhandelt wird das richtende Handeln Gottes. Zu Beginn des Textes macht Gott die Einlösung seines Versprechens, Abrahams Nachkommen zu einem großen starken Volk zu machen, von deren Gerechtigkeit abhängig[36]. Nun stellt Abraham im Gegenzug Gottes Handeln auf den Prüfstein: „Willst du auch den Gerechten mit den Ruchlosen wegraffen?", fragt er. Wie viel Gerechte wiegen das Unrecht in der Stadt auf? Von fünfzig auf fünfundvierzig, vierzig, dreißig, zwanzig, zehn herunter handelt Abraham. Und Gott lässt sich auf den Handel ein. Mit seiner immer gleichen Antwort bestätigt er ein ums andere Mal, was Abraham immer wieder neu wissen will: Nein, er würde die Gerechten nicht mit den Ruchlosen verderben. Zehn würden genügen, um die Vernichtung abzuwenden.

Zahlen

Wenn wir an unsere heutigen Städte denken, wirken die hier verhandelten Zahlen klein. Jedoch „die Städte des alten Palästinas waren winzig, oft kaum einen Steinwurf breit. Da sind fünfzig Gerechte ein beträchtlicher Teil der Bevölkerung, zumal wenn man - wie damals üblich - nur die Familienväter zählt."[37] Die Schreie und Klagen dagegen, die aus der Stadt zu Gottes Ohren drangen, stammen wohl hauptsächlich von den nicht mitgezählten Frauen und Kindern.

„Dass Abraham mit der Zahl zehn aufhört, ist darin begründet, dass sie die kleinste Gruppe bezeichnet. Sind weniger als zehn Gerechte in der Stadt, dann sind das einzelne; und sie können als einzelne vor der Vernichtung bewahrt werden, wie das dann auch in Kap. 19 geschieht. Die Frage Abrahams hat an der Zahl zehn ihre natürliche Grenze."[38]

---

[36] Ursprünglich galten die Verheißungen an Abraham ohne Bedingungen (etwa Gen 12,2-3), vgl. dazu WESTERMANN, S. 351f.

[37] ARENHOEVEL, S. 78

[38] WESTERMANN, S. 356

Was für eine Perspektive eröffnet diese Zusage: Wenige Gerechte gelten mehr als viele Ungerechte und könnten eine Stadt, einen Staat, die Erde vor der Vernichtung bewahren![39] Was für eine Möglichkeit, "dass die aufbauenden Kräfte in der Menschenwelt, die Gerechten, mächtiger sind als die zerstörerischen ..."[40].
„Das hat Folgerungen für die Gerechtigkeit unter Menschen. Der Rechtsfanatismus, der, um Unrecht zu ahnden, Leben zerstört, entspricht nicht der Gerechtigkeit Gottes. Auf sie kann sich nur berufen, wessen größte Sorge ist, das Leben zu schonen und zu stärken - selbst um den Preis, eine zu Recht verwirkte Strafe auszusetzen."[41] Wer einen „gerechten Krieg" zu führen vorgibt und dabei den Tod vieler Tausender unschuldiger Menschen billigt, missbraucht lediglich seine Macht.
Das Gespräch zwischen Gott und Abraham endet - wie abgebrochen - ohne abschließende endgültige Antwort. Die biblischen Gesprächspartner gehen auseinander.

Aktuelle Bezüge
Die theologische und gesellschaftliche Diskussion um Recht und Gerechtigkeit, und die mitschwingende Frage: „Wie kann ein gerechter Gott dieses oder jenes dulden?", würde den Rahmen dieser Bibelarbeit sprengen. Aber es empfiehlt sich, bereit zu sein für stets neue aktuelle Bezüge und Fragen. Bei der Erprobung dieser Einheit waren der Irak-Krieg und die äußerst fragwürdige Rolle Amerikas als Weltenrichter höchst aktuell. „Sollen die Unschuldigen, die Frauen, Kinder, Alten und Kranken getötet werden um eines Diktators und vieler kriegsbereiter Mächtiger willen?", möchte man da mit Abraham fragen.

Literatur

ARENHOEVEL, D., Erinnerung an die Väter, Genesis 12-50 (Stuttgarter Kleiner Kommentar AT 2), Stuttgart 1976.
KASSEL, M., Biblische Urbilder, Freiburg 1992.
SCHROER, S., Glücklich, wer Lust hat an der Weisung JHWHS, Freiburg Schweiz 1998.
WESTERMANN, C. Genesis (Biblischer Kommentar Altes Testament, Band I/2), Neukirchen-Vluyn 1981.

---

[39] Vgl. SCHROER, S. 198
[40] KASSEL, S. 223
[41] ARENHOEVEL, S. 81

2 Gott experimentiert (Gen 2, 4-8 und 18-23)

Gott formt den Menschen aus Erde und weist ihm als Aufgabe das Bebauen der Erde zu. Mensch und Erde sind das erste „Paar“. Der Mensch wird erst lebendig, nachdem Gott ihm den Atem eingehaucht hatte. Aber er ist allein, ihm fehlt ein Gegenüber. Die Tiere sind es nicht, erst die Frau: Mann und Frau sind das zweite „Paar“.

Dauer	*Inhalt und Vorgehen*	*Material*
	EINSTIMMUNG	
10′	**Lebensatem spüren** *Plenum, stehend im Raum* Einstimmung mit Atem und Stimme (Anleitung s. Kommentar)	
	TEXTVERSTEHEN	
60′	**Dem Geformten eine Stimme geben** *Plenum, im Stuhlkreis* Gen 2,4-8 reihum zweimal lesen *Einzelarbeit an Tischen* Die TN formen aus Knetmasse spontan, was entstehen will *Zweiergruppen* Austauschgespräch: • Was habe ich geschaffen? • Wie geht es mir damit? *Einzelarbeit* Instrument wählen Dem Geformten eine Stimme verleihen *Plenum, im Stuhlkreis* Reihum das Geformte vorstellen und die Stimme dazu hörbar machen Austauschgespräch: • Was geschieht zwischen mir und dem Geformten, wenn ich ihm eine Stimme gebe? • Was lässt sich von meiner Erfahrung her zum Text sagen?	Textblätter Knetmasse, Unterlagen Instrumente

30′	**Es ist nicht gut, wenn der Mensch allein ist** *4er-Gruppen* Gespräch zu Gen 2,18-20 • Wie verhält sich Gott, wie nimmt er den Menschen wahr? • Wie verhält sich der Mensch? • Welche Interaktionen werden zwischen ihnen geschildert?	Textblätter
	AUSKLANG	
50′	**Ein Gott, der experimentiert** *Plenum, im Stuhlkreis* Gen 2,21-23 vorlesen *Einzelarbeit* Tagebucheintrag für Adam, Eva oder Gott schreiben *Plenum, im Stuhlkreis:* Möglichkeit, den Tagebucheintrag vorzulesen • Was bedeutet es für mich, an einen kreativen, experimentierenden Gott zu glauben? *Plenum, im Stehen* Instrument wählen, das zum Experimentieren reizt Klangimprovisation (Anleitung s. Kommentar)	Textblätter Schreibzeug Instrumente

Kommentar

Raum und Einrichtung: Auf Tischen am Rand werden die Arbeitsplätze mit je einer Unterlage und einem Stück Knetmasse vorbereitet. Wenn der Raum zu klein ist, kann diese Einzelarbeit vielleicht in einem Nebenraum geschehen. Die Klangobjekte liegen auf Tischen bereit.

Textblatt: Der Text ist in drei Abschnitte aufgeteilt: Verse 4-8 / 18-20 / 21-23. Wir empfehlen, hier eine Übersetzung zu wählen, die nicht unnötig die Diskussion um die Stellung der Frau provoziert.

Lebensatem spüren: Der Lebensatem spielt in unserem Text eine wichtige Rolle. Wir beginnen damit, dass wir uns unseres Atems bewusst werden.

Anleitung „Lebensatem spüren"
Wir stellen uns hüftbreit hin, mit „runden Knien", spüren den Boden gut unter unseren Fußsohlen und halten den Kopf aufrecht.
Wir lassen die Muskeln unseres Körpers ganz locker werden, indem wir uns strecken und recken und dazu nach Herzenslust gähnen.
Wir atmen durch die Nase ein und versuchen den Atem hinter der Nase zu spüren.
Wir betasten unsere Nase und beklopfen sie mit den Fingerspitzen.
Wir rümpfen die Nase wie bei einem widrigen Geruch, dann schnuppern wir, wie wenn wir einen feinen Duft einatmen würden.
Wir hecheln wie ein Hund nach einer Anstrengung.
Wir atmen zum rechten Nasenloch ein und zum linken aus und umgekehrt, indem wir mit dem Daumen- und Mittelfinger abwechslungsweise das eine und dann das andere Nasenloch zuhalten. Den Zeigefinger lassen wir fixiert auf der Nasenwurzel zwischen den Augenbrauen.
Wir schließen diese Übung, indem wir tief einatmen und beim Ausatmen ein befreiendes a-a-a ertönen lassen, abwechslungsweise laut und leise.

Dem Geformten eine Stimme geben: Gott hat den Menschen geschaffen, wir Menschen sind auch immer wieder solche, die etwas „erschaffen". Was drücken wir aus mit unserer Kreation? Und in welcher Beziehung stehen wir dazu?
Als Knetmasse eignet sich gefärbtes Bienenwachs vermischt mit Plastilin am besten, denn es ist immer gleich in der Konsistenz und zum Bearbeiten jederzeit griffig. Für diese Einzelarbeit braucht es keine lange Einleitung, der Textabschnitt wirkt nach, die Teilnehmenden sollen ohne viele Überlegungen die Hände werken lassen. Der kurze Austausch zu zweit dient der eigenen Vergewisserung: was ist entstanden?
In der folgenden Sequenz kommen die Teilnehmenden mit dem von ihnen geformten Gegenstand in Kontakt, indem sie mit einem Instrument oder mit der eigenen Stimme ausprobieren, wie er tönen könnte. Natürlich wird er dadurch nicht „lebendig", aber die Erfahrung, dass ich mit etwas von mir Geformtem in Beziehung trete, lässt sich mit dem biblischen Text, der die Erschaffung des Menschen schildert, in Zusammenhang bringen.
Die gestaltete Figur kann danach zur Seite gestellt werden, da wir im weiteren Arbeitsverlauf nicht mehr darauf zurückkommen. Ganz am Schluss werden die Teilnehmenden gefragt, ob sie diese behalten wollen.

Ein Gott, der experimentiert: Nachdem wir die restlichen Verse, die schließlich den „Erfolg" des göttlichen Experimentierens schildern, gelesen haben, versuchen die Teilnehmenden, sich jetzt nicht mehr als Außenstehende zu sehen, sondern in die Rollen von Gott, Adam oder Eva zu schlüpfen und das, was sich ereignet hat, gleichsam als Erlebnisbericht aufzuschreiben, so als würden sie am Abend einen Eintrag in ihr Tagebuch schreiben.

Wer möchte, kann diesen Text im folgenden Plenum ganz oder teilweise vorlesen oder auch nur zusammenfassen. Daran kann sich ein Gespräch zur Frage anschließen, was dieser Gott, der experimentiert, bis er das Richtige gefunden hat, für uns persönlich bedeutet.

Die Bibelarbeit schließen wir selbst noch einmal experimentierend ab mit einer Klangimprovisation. Diese kann entweder ganz frei gestaltet oder etwas strukturiert werden, z.B. mit folgender Anleitung.

Anleitung „Klangimprovisation"[42]

Instrumente, Klangobjekte oder Klangquellen im Raum suchen.

Klänge und Geräusche ausprobieren, dabei feste Rhythmen durch schnelle Bewegungen und Melodien durch unbestimmte Töne eher eliminieren.

Ein Spieler oder eine Spielerin beginnt mit ihrem Klang.

Immer nur ein Spieler oder eine Spielerin kommt aufs Mal dazu, so dass der Klang stufenweise vielfältiger wird und in dieser Qualität wahrgenommen werden kann.

Auf dem Höhepunkt spielen alle mit und versuchen gemeinsam, das Spiel noch zu intensivieren.

Immer nur jeweils ein Spieler, eine Spielerin steigt aus, so dass die Klangvielfalt stufenweise wieder abnimmt.

Variante: Wer jeweils am lautesten spielt, steigt aus.

Gedanken und Informationen zur Geschichte von der Erschaffung des Menschen

Der Kontext

Während sich in Gen 1 die Schöpfung vom Chaos zum Kosmos der ganzen Welt und schließlich zum Menschen fortbewegt, wird im zweiten Kapitel die Welt um den Menschen herum gestaltet: Kulturland, Garten,

[42] Nach HEGI, S. 267 und 277

Tiere, die Frau. Im ersten Schöpfungsbericht ist der Mensch wie die Spitze einer Pyramide, hier dagegen wie der Mittelpunkt eines Kreises.
Die Verse, die wir für diese Bibelarbeit ausgewählt haben, berichten von der Erschaffung des Menschen, der Tiere und der Frau. Nach Westermann[43] bildeten sie ursprünglich eine zusammenhängende Erzählung, in die später die Beschreibung des Gartens Eden mit dem verbotenen Baum der Erkenntnis eingefügt wurde, die dann im dritten Kapitel ihre Fortsetzung findet. Wir beschäftigen uns hier mit der Geschichte von der Erschaffung des Menschen, ohne auf die Paradiesgeschichte und ihre Thematik weiter einzugehen.

Die Erschaffung des Menschen

Zunächst „wuchsen noch keine Feldpflanzen, denn Gott hatte es noch nicht regnen lassen" und es war kein Mensch da, um den Boden zu bebauen. Erst wenn der Mensch da ist und seine Aufgabe erkannt und angepackt hat, ist die volle Welt da. Die Aufgabe des Menschen ist die Bebauung des Bodens. Hier klingt in der hebräischen Formulierung die Verwandtschaft von „Adam" (Mensch) und „Adamâh" (Erdboden) an. Der Verfasser erzählt von einer Art Urwüste und stellt sich vor, dass in der Tiefe unter dieser Urwüste Wasser verborgen liegt und hervorbricht, wie man es bei Quellen immer wieder erlebt. Nun könnte man erwarten, es werde vom Wachstum der Pflanzen berichtet, stattdessen folgt aber sofort die Erschaffung des Menschen aus „Staub vom Erdboden".
Das Verb „bilden" oder „formen" steht in enger Beziehung zur Arbeit eines Töpfers. Hier ist dabei weniger die handwerkliche Arbeit als ein einmaliger kreativer Vorgang gemeint, wie wir ihn mit dem Modellieren eines Kunstwerkes verbinden. Der Ausdruck „Staub vom Erdboden" – nicht eigentlich Material des Töpfers – deutet auf die Vergänglichkeit des Menschen hin, der wieder zu Staub wird (Gen 3,19). Mensch und Erde gehören zusammen, weil der menschliche Leib von Gott aus Erde gebildet ist. Gott bläst den Lebensatem in seine Nase. Erst der sich mit dem Körper verbindende Atem macht den Menschen zu einem Lebewesen. Hier werden nicht Leib und Seele als „Bestandteile" des Menschen unterschieden, sondern der Mensch ist der geformte und durch den Atem belebte Leib. Der Mensch wird schließlich in einen eigens zu seiner Versorgung von Gott geschaffenen Garten gesetzt. Dieser Garten wird später dann zu einem Verbindungsmotiv, das die Erzählung von der Erschaffung des Menschen mit der Paradiesgeschichte verknüpft.

---

[43] WESTERMANN, S. 261

Die Erschaffung der Tiere

Den Anstoß zur Erschaffung der Tiere gibt die Feststellung, dass es für den Menschen nicht gut sei, wenn er allein bleibe. Dem Menschen fehlt etwas, eine „Hilfe wie ihm gegenüber", wie es wörtlich heißt, ein „Gegenpart", wie Buber übersetzt. Der Mensch ist damit als ein Lebewesen charakterisiert, das nur in Gemeinschaft wirklich gut leben kann. Allerdings ist diese Hilfe hier dadurch charakterisiert, dass sie gleichzeitig ein Gegenüber bildet. Der Mensch braucht nicht Untertanen, sondern Partner. In dieser Absicht schafft Gott zunächst die Tiere. Wie der Mensch werden sie aus Erde gebildet. Auch die Vertreter der Tierwelt sind Lebewesen, auch sie haben Teil am Lebenshauch. Während jedoch bei der Erschaffung des Menschen ausdrücklich berichtet ist, wie Gott persönlich dem Menschen den Atem einhaucht, fehlt eine solche Aussage bei der Erschaffung der Tiere in Vers 19. Vielleicht soll die besondere Nähe des Menschen zu Gott darin zum Ausdruck kommen. Das Verhältnis des Menschen zu den Tieren, ihre Gemeinsamkeiten und Unterschiede sind hier nicht weiter thematisiert. Der Mensch erhält das Recht, die Tiere zu benennen. Der Name ist dabei mehr als eine zufällige Benennung, er erfasst das Wesen des Benannten[44], und so stellt der Mensch am Ende fest, dass die gesuchte Hilfe für ihn noch nicht vorhanden ist.

Die Erschaffung der Frau

Die symbolisch zu verstehende Vorstellung, dass Gott die Frau aus einer Rippe des Menschen gebaut habe, wollte vielleicht ursprünglich eine Antwort geben auf die Frage, weshalb die Rippen nicht den ganzen menschlichen Leib, sondern nur seine obere Hälfte umschließen[45]. Durch diese Teilung des Menschen entstehen nun Mann und Frau, ausgedrückt mit dem hebräischen Wortpaar Isch und Ischâh.

Die innere Verbundenheit von Mann und Frau, die von ganz anderer Art ist als etwa die Verbundenheit von Mensch und Tier, ist nur dann begreiflich, wenn Mann und Frau schon durch ihre Entstehung viel unmittelbarer zusammengehören. Gott führt dem Menschen, der nun Mann ist, die Frau zu. Und ohne dass er ein Wort sagen müsste, vollzieht sich überraschend ein Erkennen (im Hebr. in einem rhythmischen Vers formuliert): „Diese endlich ist Bein von meinem Bein und Fleisch von meinem Fleisch. Diese soll Frau (Ischâh) heißen, denn vom Mann (Isch) ist diese genommen." So ist die Erschaffung des Menschen abgeschlossen.

---

[44] Siehe dazu VON RAD, S. 57f. und WESTERMANN, S. 311f.

[45] Siehe dazu VON RAD, S. 59 und WESTERMANN, S. 313f.

Zur Wirkungsgeschichte
„In einer rund zweitausendjährigen Tradition sind die Aussagen der ersten Kapitel der Genesis sehr stark auf bestimmte Themen eingeengt worden, die in der christlichen Theologie eine beherrschende Rolle gespielt haben: so auf die Rolle der Frau, vor allem ihre Zweitrangigkeit und ihre Unterordnung unter den Mann."[46] Aus unserem Text waren es vor allem die Begriffe „Rippe" und „Hilfe", die in der christlichen Auslegungstradition dazu verwendet wurden, die Minderwertigkeit der Frau gegenüber dem Mann zu belegen.
Dass die Erschaffung der Frau im Unterschied zu altorientalischen Erzählungen von der Erschaffung des Menschen hier eigens berichtet wird, zeigt, dass der biblische Erzähler ein besonderes Interesse an der Frau hat. „Die Erzählung in Gen 2 spiegelt ein kulturelles Stadium, dem die hohe Bedeutung der Frau für das Menschsein des Menschen bewusst war. In dieser Einschätzung der Frau bzw. des Menschseins als Miteinander von Mann und Frau ist Gen 2 unter den Mythen von der Menschenschöpfung im gesamten Vorderen Orient einzigartig".[47]
Die Bezeichnung „Adam", die im Hebräischen den Menschen als Gattung, also die Menschheit, meint, wurde in der Tradition (etwa vom 2.Jh.v.Chr. an, auch im Zusammenhang mit der Übersetzung ins Griechische und durch den Einfluss von Gen 4) zum Eigennamen des ersten Menschen, der damit natürlich schon als Mann bestimmt ist. So entstand in der christlichen Tradition entgegen der Intention der biblischen Geschichte die Vorstellung, Gott habe zuerst den Mann geschaffen und dann die Frau als seine Hilfe (statt „ihm gegenüber" wird bis heute meist „ihm entsprechend" übersetzt).
Die mittelalterliche jüdische Auslegetradition sieht den Text von der Erschaffung der Frau aus der Rippe des Menschen als genauere Beschreibung des Verses Gen 1,27 „als Mann und als Frau schuf er sie". Die Rabbinen stellten sich darunter ein androgynes Wesen vor. „Nach dieser Interpretation war der erste Mensch androgyn, also sowohl männlich wie weiblich, wobei die beiden Seiten und Gesichter dieses männlich-weiblichen Menschen in zwei entgegen gesetzte Richtungen schauten. In einem zweiten Schritt wurde dieser Mensch dann in einen weiblichen und einen männlichen Menschen geteilt – die sich nun auch anschauen und sich einander zuwenden konnten...!"[48]

---

[46] SCHÜNGEL-STRAUMANN 1998, S. 1
[47] WESTERMANN, S. 316
[48] WALLACH-FALLER, S. 195f.

Der experimentierende Gott
Dass bei der Schöpfung nicht alles von Anfang an nach Plan lief und nicht jeder Schöpfungsakt, wie in der Schöpfungsgeschichte in Gen 1, sogleich vom Schöpfer als gut bewertet wurde, ist ein Motiv, das der zweite biblische Schöpfungsbericht in Gen 2 mit zahlreichen Schöpfungsberichten aus anderen Kulturen teilt. Westermann nennt in seinem Kommentar einige Beispiele, nicht nur aus dem alten Orient[49]. Während andere Theologen darin eine naive Gottesvorstellung auf der Stufe primitiver Völker sehen, zeigt nach Westermann das göttliche Experimentieren die Besonderheit des Menschen gegenüber den anderen Geschöpfen. Er findet seine Bestimmung nicht nur im Lebendigsein, sondern erst in der Gemeinschaft mit seinesgleichen, vor allem in der Gemeinschaft zwischen Mann und Frau.
Die Tatsache, dass Gott bei der Schöpfung experimentierte, könnte auch bedeuten, dass die Welt, wie wir sie kennen, nicht die einzig mögliche ist, aber diejenige, die Gott als Lebensraum für uns Menschen geschaffen hat. Zu Gottes Experimentieren gehört wesentlich, dass der Mensch das Geschaffene benennt und beurteilt. Er wird damit zum Schöpfungs-Partner („Nachschaffen" nennt von Rad das Benennen der Tiere[50]).

Literatur

WESTERMANN, C. Genesis (Biblischer Kommentar Altes Testament, Band I/1), Neukirchen-Vluyn 1974.
VON RAD, G., Das erste Buch Mose. Genesis (Das Alte Testament Deutsch, Bände 2-4), Göttingen 1972⁹.
SCHÜNGEL-STRAUMANN, H., Genesis 1-11, in: SCHOTTROFF, L. / WACKER, M.-T., Kompendium Feministische Bibelauslegung, Gütersloh 1998.
WALLACH-FALLNER, M., Die Frau im Tallit. Judentum feministisch gelesen, Zürich 2000.

---

[49] Siehe WESTERMANN, S. 307f.
[50] VON RAD, S. 58

3 Gott akzeptiert den Menschen als tendenziell böse (Gen 6,5-8; 13-14a; 17-22 und 8,14-22)

Nach Gottes Urteil war die menschliche Verderbtheit vollkommen. Da reute es ihn, die Menschen gemacht zu haben. Durch die Flut wird die Natur des Menschen nicht verändert. Doch Gott erscheint nach der Sintflut als ein anderer. Dies wollen wir in dieser Einheit auch akustisch zum Ausdruck zu bringen.

Dauer	*Inhalt und Vorgehen*	*Material*
	EINSTIMMUNG	
15′	**Klangqualitäten** *Plenum, Bewegung im Raum* Mit Stimme oder Instrumenten Klangqualitäten und Gefühle ausdrücken (Anleitung s. Kommentar)	Instrumente
	TEXTVERSTEHEN	
60′	**Gottes Trauer, Gottes Wut** *Plenum, im Stuhlkreis* Ganzen Text vorlesen Wahrnehmungen austauschen Verse 6-7 nochmals vorlesen • Welche Gefühle Gottes kommen hier zum Ausdruck? Gefühle notieren Den Grundgefühlen Trauer und Wut zuordnen Gruppen nach Grundgefühlen bilden *Gruppenarbeit, gemeinsam im Raum* Instrumente wählen Klänge suchen, die Trauer bzw. Wut ausdrücken *Plenum, stehend im Raum* Gruppenweise Klänge zu den Gefühlen vorspielen Auswertungsgespräch • Was habe ich gehört? • Was habe ich erlebt? • Welche Verbindung sehe ich zwischen meiner und Gottes Trauer/Wut?	Textblätter Flipchart, Stifte Instrumente

60′	**Panorama** *3er- / 4er-Gruppen* Ganze Geschichte als Panorama darstellen • Welchen Weg hat Gott gemacht? • Welchen Weg haben die anderen Beteiligten gemacht? • Was ist das Wesentliche der Schlussverse 21-22? *Einzelarbeit* • Wenn Gott sich ändert: Was mir an diesem Text wichtig geworden ist... Einen Satz auf Karte notieren *Plenum, im Halbkreis vor Pinwand* Panoramen aufhängen Gruppenweise Panoramen vorstellen	Textblätter Große Papierstreifen Farbstifte oder Filzstifte Karten, Schreibzeug Evtl. Pinwände
	AUSKLANG	
15′	**Solange die Erde besteht....** *Plenum, im Stuhlkreis* Reihum den Satz aus der Einzelarbeit lesen *Plenum, gehen im Kreis* Gemeinsame Sprechmotette zu Gen 8,22 (Anleitung s. Kommentar)	Karten

Kommentar

Raum und Einrichtung: In der Raummitte ist für den Einstieg freier Platz nötig. Die Klangobjekte und das Material für die Panoramen liegen auf Tischen bereit. Ideal ist es, wenn Nebenräume für die Gruppenarbeit zur Verfügung stehen.

Textblatt: Für diese Bibelarbeit wird der Text in zwei Abschnitte aufgeteilt: Gen 6,5-7, mit dem im ersten Teil gearbeitet wird, sowie Gen 6,8; 13-14a; 17-22 und 8,14-22, wobei mit Punkten die Auslassung von Versen markiert werden soll.
Die Auswahl der Verse erfolgte hier nicht aufgrund überlieferungsgeschichtlicher Kriterien, sondern mit dem Ziel, einen verständlichen, aber nicht zu umfangreichen Text zur Verfügung zu stellen. Die Noah-Geschichte kann ja als relativ bekannt vorausgesetzt werden.

Klangqualitäten: Die Teilnehmenden bewegen sich zunächst frei im Raum. Sie lockern ihre Beine, strecken sich, gähnen und nehmen bewusst ihren Atem wahr. Körperübungen erleichtern auch die nötige Aufmerksamkeit für die folgende Textarbeit.

Anleitung „Klangqualitäten"
Für diese Einstiegsübung können die Teilnehmenden ihre Stimme, ihren Körper als Instrument (Klatschen, Stampfen usw.) oder Klangobjekte wählen. Sie bewegen sich dabei frei im Raum.
Die Leitung nennt zunächst der Reihe nach Qualitäten wie laut, leise, rund, rhythmisch usw., die Teilnehmenden drücken diese mit Klängen aus.
In einer zweiten Runde (die Instrumente können zwischendurch auch gewechselt werden) werden Farben genannt.
In einer dritten Rund Gefühle.
Kurze Austauschrunde

Gottes Trauer, Gottes Wut: Das Leitungsteam liest den Bibeltext - Abschnitt für Abschnitt - mit wechselnden Stimmen. Der lange Text kann besser aufgenommen werden, wenn zwischen den einzelnen Abschnitten Pausen eingelegt werden, die man eventuell mit einem Gongschlag oder einem Geräusch mit dem „Regenrohr"[51] markieren kann. Die Textblätter werden verteilt. Die Teilnehmenden reagieren spontan auf das, was sie gehört haben. Sie sagen, was ihnen aufgefallen ist, was sie berührt oder geärgert hat. Im Hinblick auf die weitere Textarbeit ist diese Runde wichtig. Erste Gefühle und Gedanken werden ausgesprochen und lassen eine differenzierte Betrachtung zu.
Nach dieser ersten Begegnung mit dem Text entfalten wir ihn schrittweise und beschäftigen uns jetzt nur mit den Versen 6 und 7. In diesen Versen erkennen wir ein breites Gefühlsspektrum Gottes. Die Teilnehmenden benennen die unterschiedlichen Gefühle. Diese werden zunächst so, wie sie genannt werden, schriftlich festgehalten und nachträglich den beiden Grundgefühlen Trauer/Herzweh und Wut/Rache zugeordnet. Dies sind die gegensätzlichsten Gefühle Gottes, die in den Versen 6 und 7 beschrieben sind. Wenn sich die Gruppe für weitere Grundgefühle entscheidet, d.h. wenn Gefühle genannt werden, die nicht diesen beiden Grundgefühlen zugeordnet werden können, gibt es im weiteren Verlauf mehrere Gruppen.

---

[51] Ein chilenisches Instrument aus abgestorbenen Kakteen, gefüllt mit Steinchen oder Samen, das bei langsamem Drehen ein regenähnliches Geräusch erzeugt.

Zwei Gruppen werden gebildet, eine „Trauergruppe“ und eine „Wutgruppe“. Entscheidend für die Wahl der Gruppe ist das Gefühl, bei dem die Einzelnen hängen geblieben sind.
Jede Gruppe wählt ihre Instrumente, wobei auch hier natürlich die Stimme zum Einsatz kommen kann. Sie suchen sich einen Platz im Raum und geben dem Gefühl der Trauer bzw. Wut Ausdruck. Auf Anleitung spielen die Gruppen nacheinander.
Anschließend können die Gruppen ihren Standort wechseln und versuchen, das andere Gefühl musikalisch auszudrücken; oder die beiden Gruppen können ausprobieren, ob eine Annäherung möglich ist. Zu diesen Spielvarianten muss jedoch die Bereitschaft abgeklärt werden, denn möglicherweise sind die Teilnehmenden so sehr im Ausdruck des gewählten Gefühls drin, dass ihnen ein Perspektivenwechsel im Moment unmöglich erscheint. Die ganze Arbeit soll ruhig und sensibel angeleitet werden. Es darf experimentiert werden. Die Leitung sollte jedoch die Befindlichkeit der ganzen Gruppe im Auge behalten, denn es können starke Gefühle hochkommen.
In der anschließenden Auswertungsrunde erzählen die Teilnehmenden, was sie gehört und erlebt haben. Sie überlegen, welche Verbindung sie zwischen der eigenen Wut oder Trauer zu der Wut oder Trauer Gottes sehen.

Panorama: Es werden Kleingruppen nach freier Wahl gebildet. Diese rüsten sich mit dem Material aus: Papierstreifen von ca. 25x140 cm (große Zeichenpapierbogen längs halbieren und zusammenkleben) und Farb- oder Filzstifte. In der Gruppe lesen die Teilnehmenden nochmals gemeinsam den Text von Anfang an. Sie überlegen sich, welche Protagonisten im Text vorkommen und welchen Weg, welche Höhen und Tiefen diese zurückgelegt haben. Der Weg jedes Protagonisten wird mit einer anderen Farbe gezeichnet. Wie verlaufen die verschiedenen Linien, wo kreuzen sie sich, wo überschneiden sie sich? Auf einem Papierstreifen werden die Linien aufgezeichnet. An wichtigen Stellen können Zeichen oder Symbole angebracht werden, hilfreich ist auch, wenn die Verszahlen angeschrieben werden. Beim Betrachten der gezeichneten Linien denken die Teilnehmenden darüber nach, was ihre Darstellung zum Text aussagt und welche Gedanken sie jetzt bewegen.
Nach der vorhergegangenen Gruppenarbeit brauchen die Teilnehmenden Zeit für sich, um zu ihren persönlichen Gedanken zu kommen. Die Leitung verteilt allen eine Schreibkarte. Die Teilnehmenden suchen sich einen Platz und überlegen sich, was ihnen aus dem Bibeltext wichtig

geworden ist für ihr Leben. Sie schreiben ihren Satz auf die Karte, welche sie bei sich behalten.
Die angefertigten Panoramen aus der Gruppenarbeit werden aufgehängt. Die Gruppen stellen sie vor und erläutern sie. Es darf nachgefragt, kommentiert und verglichen werden. Die Unterschiede regen zum Nachdenken an und helfen zu einem neuen Verständnis oder zu einer anderen Perspektive des Textes.

Solange die Erde besteht...: Nochmals nehmen die Teilnehmenden ihre beschriftete Karte aus der Einzelarbeit zur Hand. Reihum lesen sie ihren Satz. Mit Gen 8,22 lassen wir unsere Textarbeit ausklingen. Die Teilnehmenden nehmen innerlich Kontakt auf zum Text, zu ihren Gefühlen und zu der ganzen Gruppe. Vers 22 wird gemeinsam gelesen. Die Leitung erklärt die zwei Schritte der Sprechmotette. Alle Stühle werden zur Seite gestellt.

Anleitung „Sprechmotette"
Die Gruppe bildet einen großen Kreis.
Die Teilnehmenden gehen im Kreis und sprechen Vers 22 in ihrem Tempo und in ihrem Tonfall (mehrere Male). Es ist dabei auch möglich, nur einen Teil des Verses zu sprechen und diesen zu wiederholen.
Anschließend, immer noch im Gehen, benutzen die Teilnehmenden ihre Stimme wie ein Instrument. Sie suchen die Töne, die ihrer Befindlichkeit, ihrem Satz auf der Karte entsprechen.
Langsam entfalten sich die Töne im Raum und vermischen sich. Ein Klangteppich entsteht.

Gedanken und Informationen zur Flutgeschichte

Flutgeschichten
Die Sintflutgeschichte ist nicht etwas spezifisch Israelitisches. Wie die ganze Urgeschichte (Gen 1-11) gehört sie zum gemeinorientalischen Gut. Ihr Thema ist die Vernichtung der ganzen Menschheit in einer Wasserkatastrophe. Im 19. Jahrhundert wurden solche Flutberichte bei Ausgrabungen im Zweistromland entdeckt. Diese Schriften sind wesentlich älter als die biblische Flutgeschichte. Eines der bekanntesten dieser Fundstücke ist das nach dem Helden Gilgamesch benannte Gilgamesch-Epos, entstanden um 1200 v. Chr., das wir unten zum Vergleich mit der

biblischen Geschichte heranziehen werden. Material für die biblische Flutgeschichte war also vorgegeben.
Der Verfasser dieser Sintflutgeschichte (Gen 6-9) hat zwei verschiedene Erzählungen miteinander verwoben. Dadurch sind Unstimmigkeiten entstanden, welche beim Lesen auffallen. Die beiden Berichte sind so sehr ineinander verschränkt, dass es heute schwierig ist, sie zu entflechten.
In den für diese Bibelarbeit ausgewählten Versen entsprechen Beginn (6,5-8) und Ende (8, 20-22) der älteren Fassung. Theologisch folgen wir ihren Intentionen. Dazwischen stehen, um den Sinnzusammenhang der Geschichte zu erhalten, Teile aus der jüngeren Fassung, die im Prinzip den gleichen Ablauf der Geschichte enthält, sich aber in den theologischen Aussagen etwas unterscheidet.

Göttliches Nachsinnen

Vergleichen wir den Anfang (6, 5-8) und den Schluss der Flutgeschichte (8,20-22) miteinander, stellen wir fest, dass sich Gott in deren Verlauf wandelt. Die Menschen jedoch bleiben die gleichen. Sie werden seltsamerweise durch die Wasserkatastrophe nicht etwa gebessert, wie man hätte erwarten können.
Am Anfang verkündet Jahwe, von heftigen Gefühlen bewegt, die Menschheit vernichten zu wollen, weil ihre Bosheit so groß ist und es ihn reut, sie gemacht zu haben. Hier handelt Jahwe als enttäuschter und zürnender Gott. Sein Urteil ist abschließend und vernichtend. Der biblische Verfasser betont an dieser Stelle: Der Mensch („Adam") ist für seine Taten und deren Folgen verantwortlich. In der Katastrophe werden jedoch keinerlei individuellen Unterschiede gemacht, weder was ihre Verderbtheit noch die Konsequenzen betrifft: Alle Menschen sind gleichermaßen schuldig, alle kommen auf die gleiche Weise um. Doch das von Gott über die Menschen und Tiere verhängte Leid scheint bei seinem Nachsinnen zugleich sein eigenes Leid zu sein. Denn er selbst macht ja rückgängig, was er ursprünglich geschaffen hat: Mensch und Tier. Mit Noah rettet er nicht etwa einen mustergültigen Menschen[52]. Mit ihm will er einzig einen Rest der Menschheit und der Tiere am Leben erhalten.
Am Ende (Gen 8, 20-22) verspricht Jahwe, nie wieder eine solche Katastrophe über die Menschheit kommen zu lassen – und zwar unabhängig vom Verhalten der Menschen, deren Handeln und Planen nach wie vor grundsätzlich böse ist, sondern allein aus Liebe zu seinen Geschöpfen.

---

52 So sieht es jedoch die jüngere Fassung in Gen 7,1.

Noahs Opfer ist ein Dankopfer für seine Errettung, nicht etwa der Versuch, Gott durch den lieblichen Duft umzustimmen. Dieses Erzählmotiv gehört zu den Fluterzählungen. Die alte Vorstellung, Götter ließen sich durch den Duft der Opfer beruhigen[53], wird im Alten Testament als Formel öfter verwendet und zeigt an, dass Gott ein Opfer angenommen hat[54].

Zum Versprechen, das Lebendige nicht mehr gesamthaft zu vernichten, gehört auch die Erhaltung der Lebensgrundlage, nämlich der Erde („Adamâh") mit ihren für die Fruchtbarkeit wichtigen Rhythmen. Hier wird der Bogen zurück zur Erschaffung des Menschen geschlagen (vgl. Bibelarbeit 2). War dort die Erde noch ganz auf den Menschen bezogen und wurde darum auch mit ihm verflucht (Gen 3, 17), so wird sie (erst) jetzt vom Menschen und dessen Verhalten unabhängig. Wesentlich ist hier nicht, dass es die Welt irgendwo gibt, sondern dass sie ihren zeitlichen Rhythmus hat und dass dieser bestehen bleibt. „Wie der Mensch dadurch zum lebenden Wesen wurde, dass Gott ihm Lebensatem einblies, sein Lebendigsein also da war im Rhythmus des Ein- und Ausatmens, so wird hier die Welt zum Bestehenden in den Rhythmen von Tag und Nacht, von Sommer und Winter."[55]

Jahwe entdeckt seine mütterliche Seite

Die Menschheit hat sich also durch die Katastrophe nicht verändert. Jahwe aber hat die Position des strafenden Richtergottes verlassen und die des erbarmenden Gottes bezogen. Hier lohnt sich zum Verständnis ein Vergleich mit einer außerbiblischen Flutgeschichte aus dem Gilgamesch-Epos. Dabei werden die Berührungen und Unterschiede deutlich erkennbar. So ist es im Gilgamesch-Epos der Sturm- und Staatsgott Enlil, der die Sintflut anregt und in Gang setzt, nicht, weil die Menschen böse wären, sondern einfach, weil sie ihn stören. Am Ende jedoch ist es die große Muttergöttin Ischtar, die es nicht ertragen kann, dass die Menschen ertränkt werden. Nachdem die Flut durch die Anweisung der Götter und Göttinnen eingesetzt hat, bricht sie in laute Klage aus:

> "Da schreit Ischtar wie eine Gebärende.
> Es jammert die Herrin der Götter, die Schönstimmige:
> Wäre doch jener Tag zu Lehm geworden,
> da ich in der Schar der Götter Schlimmem zustimmte.

---

53 Vgl. GILGAMESCH-EPOS, Tafel XI, Verse 159-161

54 Siehe WESTERMANN, S. 609

55 WESTERMANN, S. 612

Wie konnte ich in der Schar der Götter Schlimmem zustimmen,
dem Kampf der Vernichtung meiner Menschen zustimmen.
Erst gebäre ich meine lieben Menschen,
dann erfüllen sie wie Fischbrut das Meer!"[56]

Es ist aber nicht immer so, dass Göttinnen nur barmherzig, Götter dagegen immer zornig auftreten. Es trifft ja auch nicht generell zu, dass Richten und Strafen Qualitäten des männlichen, dagegen Sich-Erbarmen solche des weiblichen Geschlechts sind. Offensichtlich wollen jedoch mütterliche Gottheiten das, was sie ins Leben gerufen haben, erhalten und bewahren.[57] In sumerischen und babylonischen Flutgeschichten beschließen die einen Götter den Untergang der Menschen während ein anderer Gott einen Einzelnen unter ihnen warnt und rettet.
Die Intentionen und Regungen, die in altorientalischen Geschichten auf verschiedene Gottheiten verteilt waren, sind in der biblischen Variante im einzigen Gott zusammengefasst. Die menschenfreundliche Seite einer orientalischen Muttergottheit macht also die barmherzige Seite Gottes aus. Der Kampf zwischen männlichen und weiblichen Zügen verschiedener Gottheiten vollzieht sich in der biblischen Geschichte in diesem einen Gott und fällt am Schluss zu Gunsten der weiblichen Haltung aus.

Literatur

WESTERMANN, C. Genesis (Biblischer Kommentar Altes Testament, Band I/1), Neukirchen-Vluyn 1974.
Das GILGAMESCH-EPOS (Übersetzung A.Schott), Stuttgart 1969.

[56] GILGAMESCH-EPOS, Tafel XI, Verse 116-123
[57] Siehe SCHÜNGEL-STRAUMANN, 1996 S. 31

4 Gott handelt konsequent (Mt 18,23-34)

In dieser Gleichniserzählung wird großmütiges Handeln kleinlicher Hartherzigkeit gegenübergestellt und die Folgen aufgezeigt. Das Rollengespräch soll die Handlungen der Personen in der Geschichte verdeutlichen und zu eigenen Erfahrungen hinleiten.

Dauer	*Inhalt und Vorgehen*	*Material*
	EINSTIMMUNG	
40′	**Rhythmen** *Plenum, Bewegung im Raum* Rhythmusübungen (Anleitung s. Kommentar) 4 Gruppen abzählen, Stichwort zuteilen *Gruppenarbeit, in 4 Räumen* Ähnliche Wörter finden und notieren Zusammen einen Rhythmus für den Ausdruck dieses Stichwortes suchen *Plenum* Gruppenweise den Rhythmus vorspielen Auswertung nach jedem Spiel • Was habt ihr gehört? • Wie war es, die Ausdrücke zu spielen?	4 Blätter mit je einem Stichwort: - mächtig - ohnmächtig - konsequent - schwankend Notizpapier
	TEXTVERSTEHEN	
70′	**Die Geschichte vom Herrn und seinen Dienern** *Plenum, im Stuhlkreis* Geschichte (Mt 18,23-34) frei erzählen Rollen wählen: Herr, 1. Diener, 2. Diener, übrige Diener *Gruppenarbeit, in den Rollengruppen* Sich in die Rolle hineindenken und -fühlen • Wie lebt ihr? • Was sind euere Aufgaben, Pflichten? • Was ist euch wichtig? *Plenum* Gruppenweise im Raum aufstellen Sich gruppenweise in der Rolle vorstellen Rollengespräch Aus den Rollen aussteigen	Textblätter

	Auswertung • Wie hast du dich in der Rolle als ... gefühlt? • Was ist dir zum Text klarer geworden?	
	AUSKLANG	
30′	**Großmütig oder konsequent** *Einzelarbeit* • Wo habe ich mich schon großmütig, wo konsequent erlebt? • Wo habe ich Erfahrungen gemacht mit dem Gott, der sich so drastisch verändert? Stichworte aufschreiben *Zweiergruppen* Einander erzählen Instrument wählen Die Eigenschaften „großmütig" und „konsequent" spielen, evtl. als Geschichte oder Dialog Rollentausch in der Zweiergruppe Kurzer Austausch *Plenum* Nacheinander gemeinsam die Begriffe „großmütig" und „konsequent" erklingen lassen Auswertung	Schreibzeug Instrumente
10′	**Blitzlicht** *Plenum, im Stuhlkreis* • Was ich diesem „Herrn" noch sagen möchte	

Kommentar

Raum und Einrichtung: In der Raummitte ist für den Einstieg freier Platz nötig. Die Klangobjekte liegen auf Tischen bereit. Für die Gruppenarbeit werden drei weitere Räume benötigt.

Textblatt: Der Text ist in vier Abschnitte aufgeteilt, die jeweils eine Interaktion zwischen zwei Partnern erzählen: Verse 23-27 (Herr-1.Diener), 28-30 (1.Diener-2.Diener), 31 (übrige Diener-Herr), 32-34 (Herr-1.Diener).

Rhythmen: Der Text der Bibelarbeit 3 schloss mit den Rhythmen, die uns Menschen in der Natur vorgegeben sind. Menschen in verschiedenen Kulturen haben Rhythmen ausgedrückt und sich damit verständigt. Dies ist auch ohne Instrumente möglich: mit unserem Körper, mit Hilfe von Stühlen, Tischen, allem möglichen, das einen Ton hergibt.

Anleitung „Rhythmusübungen"
Ausprobieren, wo sich überall ein Rhythmus klopfen oder schlagen lässt und wie dies tönt.
Jemand spielt einen kurzen Rhythmus vor, die anderen spielen ihn gemeinsam mit ihren „Instrumenten" nach.
Jemand spielt einen kurzen Rhythmus vor, die andern spielen ihn der Reihe nach, so dass jeweils der folgende Spieler einsteigt und der erste aufhört, wenn der folgende den Rhythmus übernommen hat. Verändert er sich im Lauf der Zeit?
Jemand spielt einen kurzen Rhythmus vor, die anderen spielen ihn gemeinsam mit ihren „Instrumenten" nach. Gemeinsam versucht die Gruppe, schneller zu werden, dann wieder langsamer.
Eine (kleinere) Gruppe spielt zusammen einen gleich bleibenden Rhythmus, die anderen spielen verschiedene Gegenrhythmen dazu. Kann die Gruppe ihren Rhythmus durchhalten?

In den folgenden Gruppenarbeiten erarbeiten sich die Teilnehmenden mit Hilfe des rhythmischen Ausdrucks ein Verständnis für verschiedene Handlungsqualitäten, die im Bibeltext eine Rolle spielen.
Die Leitung teilt die Gruppe durch Abzählen in vier Kleingruppen auf. Jede dieser Gruppen erhält einen Papierstreifen, auf dem ein Adjektiv steht: mächtig, ohnmächtig, konsequent, schwankend. Die Gruppen behalten das ihnen zugeteilte Wort für sich. In verschiedenen Räumen stecken die Kleingruppen das Wortfeld ihres Adjektivs ab, das heißt, sie sammeln verwandte Wörter. Anschließend suchen sie einen Rhythmus, der in ihrer Wahrnehmung dem zugeteilten Wort entspricht. Sie klatschen, stampfen, setzen ihre Stimmen und ihre Körper ein.
Wieder im Plenum fordert die Leitung die erste Gruppe auf, ihr Wort zu „spielen". Die Spielenden sind auf der Bühne, die Zuschauenden sitzen im Halbkreis. Diese erzählen zunächst, was sie gehört haben, und versuchen, das Wort zu erraten. Anschließend verfahren die weiteren Gruppen ebenso.

Die Geschichte vom Herrn und seinen Dienern: Bevor die Geschichte erzählt wird, weist die Leitung darauf hin, dass die Wörter, die in den Gruppen in Rhythmen umgesetzt wurden, mit dem Text zu tun haben. So entsteht

ein Bezug zwischen den zwei Schritten. Vielleicht achten die Teilnehmenden jetzt noch aufmerksamer auf den Text.
Es handelt sich um eine Gleichniserzählung, die zunächst mündlich überliefert und später aufgeschrieben wurde. Es ist eine kurze, dramatische Geschichte. Anstatt den Text wie üblich vorzulesen, erzählt die Leitung diese Geschichte in ihrer Mundart. Die Geschichte kann textnah erzählt oder ausgeschmückt werden. Wir empfehlen die textnahe Variante. Die Erfahrung zeigt, dass der doch recht bekannte Text, erzählt in Mundart, auf jeden Fall anders gehört wird.
Nach dem Erzählen wird erwähnt, dass eine Vertiefung des Textes in einem Rollengespräch stattfinden wird und dass alle den Text nochmals lesen können.
Ein Rollengespräch ist ein strukturiertes Gespräch, kein Rollenspiel. Es benötigt eine straffe, aber ruhige und aufmerksame Leitung. Den Teilnehmenden wird Konzentration und Geduld abverlangt. Bei vier verschiedenen Rollen müssen sie manchmal lange warten, bis sie sich äußern können. Durch die Identifikation mit Personen oder Rollen in einem Text entsteht ein besseres Verständnis für das Handeln der Personen und für das, was zwischen den verschiedenen Menschen an Gefühlen und Gedanken spielt. Eine Geschichte wird dynamischer, lebendiger und dichter. Gleichzeitig erkennen die Teilnehmenden eines Rollengesprächs vielleicht ihre eigenen Anteile an einer bestimmten Rolle.
In unserem Gleichnistext ist die Rede vom Herrn (König) und von seinen Dienern. Es gibt einen Diener mit einer riesengroßen Schuld, einen zweiten Diener mit einer ganz kleinen Schuld und auch noch weitere Diener. Es ist sinnvoll, diese vier Rollen zu besetzen: Herr, erster Diener, zweiter Diener, übrige Diener. Die Gruppen bleiben die gleichen wie in der vorangehenden Sequenz. Mehrere Teilnehmende übernehmen also jeweils eine Rolle. Es ist wichtig, die Rollen zu verteilen, nicht auswählen zu lassen, denn in der Geschichte, mit der wir uns nun auseinandersetzen, wird gezeigt, wie Menschen mit unterschiedlichem Status miteinander leben und wie sich das Machtgefälle auswirkt. Diese Menschen wurden auch nicht gefragt, welche Position sie übernehmen wollen. Die Rollen sollen jedoch nicht so verteilt werden, dass sie den Stichworten, welche die Gruppen in der vorangehenden Sequenz ausgedrückt haben, möglichst entsprechen, sondern so, dass jede Gruppe sich jetzt mit einer anderen Qualität und Energie beschäftigen kann.
Die Kleingruppen verteilen sich im Raum und lesen nochmals den Text. Dann versuchen sie, als Vorbereitung auf das Rollengespräch, sich in die ihnen zugewiesene Rolle hineinzudenken.

Anschließend positionieren sich die vier Gruppen im Raum. Sie suchen sich selbst ihren Platz oder es wird ihnen ein Platz zugewiesen. Wichtig ist, dass alle einander sehen und gut hören können. Die Leitung bittet die Gruppen, sich in ihren Rollen vorzustellen. Zur Vorstellung helfen die Fragen, die vorher diskutiert wurden. Dann haben alle Gelegenheit, den andern das zu sagen, was ihnen wichtig ist. Damit das Rollengespräch nicht chaotisch wird, bewährt es sich, als Leitung immer genau zu sagen, wer nun zu wem sprechen soll. Die Angesprochenen hören nur zu, sie antworten nicht. Es ist denkbar, dass sich in einer Gruppe nicht immer alle äußern. Das spart Zeit, andererseits geht einiges verloren, oft möchten alle etwas sagen. Ganz wichtig ist, dass immer aus der Rolle gesprochen wird. Welche Rolle man zuerst sprechen lässt, ist eine Ermessensfrage. Jedenfalls verläuft das Gespräch übersichtlicher, wenn eine Gruppe zu den drei anderen spricht, dann die nächste, als wenn die Sprechenden dauernd wechseln. Natürlich können die Gruppen, die später dran sind, auf vorher Gesagtes eingehen, aber Antworten und Diskussionen sind nicht vorgesehen, die Sprechreihenfolge wird eingehalten.

Die erste Gruppe, die spricht, wird von selbst einen Zeitpunkt innerhalb der Geschichte setzen, der dann zur Perspektive des Rollengesprächs wird: Vielleicht ist es die Mitte der Geschichte, bevor der Herr über das Geschehen informiert ist, vielleicht der Schluss, wo die Bestrafung des ersten Dieners bereits vollzogen ist und dieser sich aus dem Gefängnis zu Wort meldet. Möglicherweise verschiebt sich die Perspektive auch während des Gesprächs, wenn eine andere Rollengruppe spricht. Wir haben den Zeitpunkt in der Geschichte offen gelassen und Diskussionen darüber: „Wo sind wir jetzt? Was ist schon geschehen?" in Kauf genommen, weil sie auch der Klärung inhaltlicher Aspekte dienen. Es ist aber auch möglich, von der Leitung her einen Zeitpunkt in der Geschichte zu setzen, der den Beginn des Rollengesprächs markiert.

Nach dem Rollengespräch werden die Rollen abgestreift. Die Herren sind nicht mehr die Herren, sondern Barbara, Peter usw. Im Hinblick auf die Auswertung ist das wichtig, damit keine Aussagen im Rollengespräch nachträglich gewissen Personen angelastet werden.

Die Teilnehmenden haben nun Gelegenheit, zu erzählen, wie sie sich in den jeweiligen Rollen gefühlt haben und was ihnen in Bezug auf den Text deutlicher geworden ist. Hier ist auch Gelegenheit, Fragen zum Text, seiner Entstehung und seinem Kontext zu beantworten.

Großmütig oder konsequent: Im Rollengespräch haben die Teilnehmenden sich in die verschiedenen Personen der Geschichte eingefühlt. Jetzt gilt

unsere Aufmerksamkeit dem Herrn, der sich von einem überaus großmütig vergebenden zu einem konsequent strafenden veränderte.
Die Teilnehmenden überlegen für sich, in welcher Situation sie sich selbst als großmütig oder konsequent erlebt haben und welche Erfahrungen sie mit dem Gott gemacht haben, der sich so unterschiedlich zeigt. In einer Zweiergruppe erzählen sie, was sie von ihren Überlegungen preisgeben möchten. Anschließend wählen alle ein Instrument aus und spielen zu zweit: eine Person beginnt mit „großmütig", die andere mit „konsequent", dann wechseln sie. Vielleicht ergibt sich beim Spiel eine Geschichte oder ein Dialog, in dem zum Ausdruck kommt, wie schwierig es in manchen Situationen ist, zwischen einer konsequenten und einer großmütigen Haltung zu entscheiden. Es folgt ein kurzer Austausch. Da alle Zweiergruppen im selben Raum sind, haben sich natürlich die Töne vermischt mit Stimmen und Nebengeräuschen.
Auf Anweisung der Leitung erklingen alle „großmütigen" Klänge im Raum zur selben Zeit. Nach einer kurzen Pause erklingen alle „konsequenten" Klänge. So ist die Spannung klar hörbar und alle haben beide Pole musikalisch ausgedrückt. Zur Auswertung sitzen alle wieder im Kreis und erzählen einander, was sie erlebt haben und wie es ihnen ergangen ist. Die Aufmerksamkeit wird zum Schluss nochmals auf den sich ändernden Herrn im Text gelegt. In einem Blitzlicht äußern die Teilnehmenden, was sie diesem jetzt sagen möchten.

Gedanken und Informationen zum Gleichnis vom gnadenlosen Schuldner

Kontext
Das Gleichnis, das Jesus im Matthäusevangelium erzählt, reagiert auf die Frage des Petrus, wie oft er jemandem vergeben müsse. Jesus antwortet auf Petrus' - wohl schon sehr großzügig gemeinten - Vorschlag: „Nicht siebenmal, sondern siebenundsiebzigmal" und fügt nach der Geschichte die Konsequenz an: „Ebenso wird mein himmlischer Vater jeden von euch behandeln, der seinem Bruder nicht von ganzem Herzen vergibt".
Vermutlich hat Matthäus die bisher nur mündlich überlieferte Geschichte erstmals schriftlich formuliert.[58] Mit diesem Gleichnis, das nur im Matthäusevangelium steht, beendet Jesus sein Wirken in Galiläa und zieht nach Jerusalem.

[58] So LUZ, S. 66ff.

Wir arbeiten in dieser Bibelarbeit nur mit dem Gleichnis selbst (Verse 23-34), da es uns darum geht, der Veränderung Gottes nachzuspüren.

Erklärungen zum Text
Damalige jüdische Hörer dachten bei der vertrauten *Metapher „König"*, die allerdings nur in der Gleichniseinleitung in Vers 23 vorkommt, wohl ebenso an Gott, wie wir vielleicht beim nachher im Gleichnis verwendeten Begriff *„Herr"* (Kyrios).
Der erste Diener schuldet dem Herrn *zehntausend Talente*. Die Summe wird den Hörerinnen riesig vorgekommen sein, denn zehntausend war die höchste auf griechisch benennbare Zahl, und Talente waren die höchste Münzeinheit.[59] Nach dieser Summe müsste dieser Diener ein Minister oder Generalpächter gewesen sein, jedenfalls nicht eine Figur, mit der sich die Zuhörenden gleich identifiziert haben.
Die zweite Szene beschreibt die Begegnung des ersten Dieners mit dem zweiten. Dieser schuldet dem ersten eine 600'000 mal kleinere Summe. Vielleicht ist dieser gewaltige Unterschied der beiden Schuldbeträge auch symbolhaft gemeint für die Kleinigkeiten, die wir Menschen im Leben einander schuldig werden im Gegensatz zu dem, was wir eigentlich Gott schuldig sind. In der Geschichte wird die Identifikation mit diesem „Kleinen" den Zuhörenden jedenfalls näher liegen.
Der *Verkauf von Schuldnern als Sklaven* wäre im hellenistischen wie im römischen Recht gestattet, aber zunehmend eingeschränkt. Im jüdischen Recht dagegen wäre der Verkauf zumindest der Familie verboten gewesen.[60]
Folterung war seit der Zeit des Herodes auch in Israel üblich.[61]

Der Spannungsbogen der Geschichte
Die Geschichte beginnt mit zwei parallel angelegten Szenen, die jedoch ein ganz unterschiedliches Ende nehmen. In der ersten Szene wird die Schuld und die Zahlungsunfähigkeit des ersten Dieners festgestellt und seine dem üblichen Denken entsprechende Strafe genannt. Daraufhin wirft sich dieser vor dem Herrn nieder und verspricht, die Schuld zurückzuzahlen, was bei der riesengroßen Summe eher unwahrscheinlich scheinen musste. Doch nun nimmt die Geschichte bereits eine überraschende Wendung. Der Herr lässt den Schuldner nicht nur laufen, son-

[59] Siehe LUZ, S. 69 Anm. 30 und zu Vergleichszahlen Anm. 32
[60] Zu den rechtlichen Details vgl. LUZ, S. 69f.
[61] Siehe LUZ, S. 72

dern erlässt ihm sogar die ganze Schuld. Darum hätte dieser ja nie zu bitten gewagt.
Der zweite Diener verhält sich nun gegenüber dem ersten genau gleich wie dieser gegenüber dem Herrn. Seine Bitte wäre angesichts der kleinen Summe nicht einmal unrealistisch, er wird jedoch ganz anders behandelt. Das geschilderte Verhalten des ersten Dieners ist brutal, würde aber durchaus dem üblichen Denken und Verhalten entsprechen. Durch die Vorgeschichte hat sich jedoch die Sicht der Zuhörenden verändert. Die Handlung des ersten Dieners wird zum Skandal. Die übrigen Diener sind empört und spiegeln damit die Reaktion, die auch von den Zuhörenden erwartet wird. Sie erzählen dem Herrn das Geschehene. Dieser stellt den ersten Diener nicht erst zur Rede, sondern spricht ihn gleich als elenden Diener an. Die Hörer spüren, dass das Urteil bereits gefällt ist. Sie werden ihm innerlich zustimmen, denn aufgrund der Strategie der Erzählung stehen sie auf der Seite des zweiten Dieners.
Worin besteht die Pointe? „Was im Alltag gang und gäbe war, wird im Licht der unendlichen Güte des Herrn unerträglich."[62] Diese Güte ist eine Kraft, die den ganzen Menschen erfassen und verändern will. Die Worte des Herrn in Vers 32 richten sich über die Geschichte hinaus gleichzeitig direkt an die Zuhörerinnen: Beziehen sie die Geschichte auf ihr eigenes Leben, muss dies ethische Konsequenzen haben.

Göttliche Vergebung und menschliche Solidarität
Lesen wir die Geschichte als Metapher für Gottes erbarmendes Verhalten gegenüber uns Menschen, so erzählt sie von einem Gott, der sich ändert. Der Herr nimmt in der Geschichte das Erlassen der Schuld zurück. Darin zeigt sich, dass Gottes Vergebung nicht wirken kann, wo ein Mensch sie nicht als unverdient geschenkte erkennt und gegenüber seinen Mitmenschen nun selbst entsprechend handelt. Die Bereitschaft Gottes zur Vergebung kommt durch menschliches Verhalten an ihre Grenzen und kehrt sich dann in Härte. Der Schluss des Gleichnisses will weniger drohen als aufzeigen, welche Qualität das Leben eines Menschen hat, der die Vergebung Gottes nicht annehmen kann. Er zeigt metaphorisch die Konsequenzen eines solchen Lebens auf.

---
[62] LUZ, S. 73

Hat Jesus diese Geschichte erzählt?
Der harte Schluss hat dazu geführt, dass dieses Gleichnis - oder zumindest seine zweite Hälfte - von verschiedenen Exegeten als nicht-jesuanisch deklariert wurde. Kann Jesus von einem Gott erzählen, der jemanden „den Folterknechten übergibt"? Hans Weder beispielsweise bekundet Mühe damit, dass Gott sein vergebendes Handeln hier danach richtet, wie der betreffende Mensch sich verhält und hört einen „drohenden, ja wohl auch gesetzlichen Ton" heraus.[63] Er bemerkt zwar, dass Gott sich hier ändert, aber das passt nicht in sein Gottesbild: „Auffällig ist, dass in der zweiten Hälfte der Freispruch des Knechts wieder zurückgenommen wird, was einem Herrn, auf dessen Wort Verlass ist, nicht gut ansteht." Nach Weder darf die Bestrafung des ersten Dieners nicht erzählt werden, weil sie die zuvorkommende Barmherzigkeit Gottes relativiert. Er spricht darum die zweite Hälfte der Geschichte Jesus ab und schreibt sie der Gemeindetradition zu. Solche von ganz bestimmten Vorstellungen des Gottesglaubens Jesu bestimmten exegetischen Schlussfolgerungen werden jedoch in neuerer Zeit zunehmend in Frage gestellt, so dass heutige Forscher und Forscherinnen eher annehmen, das ganze Gleichnis gehe auf Jesus zurück.[64]

Daniel Kosch stellt dieses Gleichnis Jesu in Zusammenhang mit dessen Zuwendung zu den Armen und Ausgegrenzten. Der erste Diener, der, wie die Größe seiner Schuld zeigt, zu den Mächtigeren und Einflussreicheren gehörte, steht für die selbstgerechten Frommen, die für sich die Güte Gottes in Anspruch nehmen, ohne daraus Zuwendung zu ihren Mitmenschen abzuleiten. Sie sind hier davor gewarnt, die Vergebung Gottes zu missbrauchen. „Und diese Warnung ist Ausdruck der Solidarität Gottes mit allen, die ausgegrenzt, ausgebeutet oder auf ihre Schuld festgelegt werden".[65]

Literatur

KOSCH, D., Zärtlichkeit und Zorn. Der Gott Jesu, in: ANNEN, F. (Hrsg.), Gottesbilder, Freiburg, Schweiz 2000.
LUZ, U., Das Evangelium nach Matthäus (EKK I/3) Zürich / Düsseldorf / Neukirchen-Vluyn 1997.
WEDER, H., Die Gleichnisse Jesu als Metaphern, Göttingen 1980².

---

[63] WEDER, S. 218, nachfolgendes Zitat S. 211
[64] Siehe KOSCH, S. 32
[65] KOSCH, S. 33

5 Gott ringt seinen Zorn nieder (Hos 11,1-11)

Gott hat sein Volk aufgezogen und für es gesorgt wie eine Mutter für ihr Kind. Er ringt um die Gegenliebe seines Sohnes, wird aber immer wieder enttäuscht. Das nährt seinen Zorn und gibt seinem Vernichtungswillen Raum. Aber sein Herz kehrt sich gegen ihn. Die mütterlichen Gefühle siegen.

Dauer	*Inhalt und Vorgehen*	*Material*
	EINSTIMMUNG	
10′	**Die Stimme klingen lassen** *Plenum, Bewegung im Raum* Stimmübung (Anleitung s. Kommentar)	
	TEXTVERSTEHEN	
30′	**Ein Bild zum Text** *Plenum, im Stuhlkreis* 3 Stimmen lesen den Text Hos 11,1-11 vor Textblatt verteilen, Text nochmals reihum lesen Verständnisfragen klären *Einzelarbeit, an Tischen* Aus dem Text ein zentrales Wort wählen und dazu ein Bild malen *Plenum, im Stuhlkreis* Bilder in der Kreismitte anordnen	Textblätter Malpapier (A4 und A3) Farben
35′	**Ein Klang zum Bild** *Einzelarbeit, gleichzeitig im Raum* Instrument wählen Ton, Melodie, Rhythmus zum eigenen Bild suchen *Plenum, im Stuhlkreis* Reihum die Musik zum Bild erklingen lassen Gemeinsame Improvisation Austauschgespräch • Was habe ich gehört? • Was habe ich gespielt? • Was sagen mir Bilder und Töne zum Text?	Instrumente Bilder

40′	**Was für ein Gott?** *Zweiergruppen* • Was für ein Gott begegnet uns im Text? • Welche Gefühle und Eigenschaften hat er? Stichworte notieren *Plenum, im Halbkreis vor Pinwand* Gespräch • Wie und wodurch ändert sich Gott im Verlauf des Textes? Stichworte entsprechend auf Pinwand heften	Papierstreifen Stifte Textblätter Pin-Wand
	AUSKLANG	
35′	**Persönliche Erfahrung mit diesem Gott** *4er-Gruppen* Austausch • Wie stehe ich zu einem Gott, wie der Text ihn schildert? • Wie erlebe ich persönlich diesen Gott? Darstellen mit Instrumenten, Stimmen und Bewegung *Plenum, Halbkreis mit „Bühne"* Gruppendarstellungen einander zeigen	Instrumente

Kommentar

Raum und Einrichtung: Auf Tischen am Rand werden die Arbeitsplätze zum Malen vorbereitet. In der Raummitte ist für den Einstieg freier Platz nötig. Die Klangobjekte liegen auf Tischen bereit. Nebenräume für Gruppenarbeiten sind günstig.

Textblatt: Der Text wird so abgedruckt, dass deutlich wird, wo Gott von sich selbst spricht und wo von seinem Volk (vgl. folgende Seite). Die Übersetzung ist hier mit Sorgfalt zu wählen, weil die Übersetzungen aufgrund der unsicheren Textlage stark differieren (vgl. Gedanken und Informationen zum Text S. 73ff.).

Die Stimme klingen lassen: In unserem Text ist von „rufen" und „brüllen" die Rede. Wir stimmen uns ein, indem wir unsere Stimme einsetzen.

Anleitung „Die Stimme klingen lassen"
Wir stellen uns locker hin, die Knie sind nicht durchgestreckt, damit die Wirbelsäule möglichst gerade bleibt.
Wir sind ganz entspannt und atmen ruhig und tief ein und aus.
Nach einem tiefen Einatmen lassen wir dann aus der Tiefe unseres Beckens ein wohl tönendes u-u-u erklingen, laut und leise, wir experimentieren mit diesem Ton.
Anschließend singen wir wieder auf verschiedene Arten ein o-o-o und versuchen zu spüren, wo im Körper dieses o Vibrationen auslöst.
So geht es weiter mit dem a-a-a, e-e-e und i-i-i.
Alle Töne probieren wir in verschiedenen Lautstärken aus.
Zum Schluss singen wir alle aneinandergehängt, alle gemeinsam, so dass ein voller Klangteppich entsteht.
Kurzer Erfahrungsaustausch zu zweit.

Ein Bild zum Text: Wir lassen den Text zuerst von drei Stimmen lesen:
1. Stimme: die Verse 1, 3a, 4, 8-9, 11b (Gott spricht von sich)
2. Stimme: die Verse 2, 3b, 5-7, 11a (Gott spricht von/zu seinem Volk)
3. Stimme: Vers 10 und „Spruch Jahwes" in Vers 11 (Sprecher)
Wenn die Verständnisfragen geklärt sind, lesen die Teilnehmenden den Text nochmals still für sich und wählen das für sie im Moment wichtigste Wort oder die wichtigste Aussage. Erfahrungsgemäß haben manche Menschen Schwierigkeiten, wenn sie „ein Bild malen" sollen. Hier ist es gut, darauf hinzuweisen, dass es nicht darum geht, ein „schönes Bild" zu malen, sondern einfach mit Farben und Formen dem für sie wichtigsten Wort einen Ausdruck zu geben. Die Leitung achtet darauf, dass auch anschließend die Bilder nicht bewertet werden.
Die Teilnehmenden haben nun die Aufgabe, das eigene Bild den anderen Bildern in der Mitte zuzuordnen und darüber miteinander ins Gespräch zu kommen. Dazu müssen einige Bilder vielleicht erklärt werden. Ein mögliches Anordnungsprinzip ist der Textverlauf, es könnte aber auch andere geben. Die Leitung moderiert so, dass die Gespräche von allen mitverfolgt werden können.

Ein Klang zum Bild: Die Bilder bleiben in der Kreismitte liegen. Die Teilnehmenden suchen einen Ton, eine Melodie oder einen Rhythmus zum eigenen Bild. Nach einer Phase des Experimentierens kommen sie in den Kreis zurück. Die Klänge werden reihum gespielt, die Teilnehmenden nehmen dabei Bezug auf ihr Bild. Dadurch werden die Klänge mit Worten aus dem Text assoziiert, sie erhalten eine Bedeutung. In der nun fol-

genden gemeinsamen Improvisation soll mit diesen Bedeutungen gespielt werden. Das setzt voraus, dass nicht alle miteinander gleichzeitig spielen, sondern dass sich die Einzelnen immer wieder Zeit nehmen, den Klängen zu lauschen und sich dabei ihre Gedanken zum Text zu machen.
Diese werden im anschließenden Gespräch ausgetauscht. Dabei geht es nicht darum, ob die Gruppe den Text „richtig gespielt" hat. Bilder und Klänge helfen, neue Zusammenhänge im Text zu erkennen und den eigenen Bezug wahrzunehmen.

Was für ein Gott? Die Teilnehmenden setzen sich zu zweit zusammen und nehmen nochmals das Textblatt zur Hand. Sie lesen den Text und suchen Eigenschaften und Gefühle Gottes darin wahrzunehmen. Dazu notieren sie Stichworte, je eines groß auf einen Papierstreifen, so dass sie nachher an der Pinwand lesbar sind. Im anschließenden Plenum werden die Stichworte zusammengetragen und so an der Pinwand geordnet, dass sie der inneren Dynamik Gottes folgen. Hier können von der Leitung auch Hintergrundinformationen zum Text eingefügt werden.

Persönliche Erfahrung mit diesem Gott: Die Teilnehmenden haben jetzt Gelegenheit, in kleinen Gruppen über den Gott, der im Text geschildert ist, und ihre persönlichen Erfahrungen ins Gespräch zu kommen.
Sie wählen einen Gedanken, einen Aspekt ihres Gesprächs aus und versuchen ihn mit Klängen (Instrumente, Stimme) und Bewegung auszudrücken. Diese Darstellungen werden zum Schluss im Plenum gespielt, jedoch nicht mehr kommentiert oder diskutiert.

Gedanken und Informationen zur Geschichte von Gottes „Herzenskampf"

Kontext
Hosea ist zusammen mit Amos der älteste der sogenannten Schriftpropheten und der einzige, der ursprünglich aus dem Nordreich Israel stammte, das um 722 v. Chr. von den Assyrern zerstört wurde. Er hat noch die letzte Blüte dieses Reiches unter Jerobeam II. (787-746 v. Chr.) erlebt. Das Kapitel 11 gehört jedoch eher in die Spätzeit seines Wirkens, als schon abzusehen ist, dass das Königreich Israel untergehen wird. Hoseas Sprache lässt auf eine höhere Bildungsschicht schließen. Seine Schriften wurden nach der Zerstörung des Nordreichs wahrscheinlich

durch seine Anhänger ins Südreich Juda gebracht. Dort hat man offenbar die Botschaft Hoseas für so wichtig gehalten, dass man seine Worte bewahrt hat. Dabei wurden die Texte überarbeitet und aktualisiert, so dass der ursprüngliche Wortlaut kaum mehr wiederhergestellt werden kann. Die Auslegungen können daher weit auseinander gehen.

Erklärungen zum Text

Der Name *Ephraim* (Verse 3, 8 und 9) bezeichnet eigentlich einen der Stämme Israels, hier aber das ganze Volk.

Ägypten symbolisiert das Land der Knechtschaft und Entfremdung. Durch die dreimalige Erwähnung in den Versen 1, 5 und 11 wird der Text strukturiert und die Dynamik im Verhältnis Gottes zu seinem Volk angedeutet: Er rief es *aus Ägypten* - es muss zurück *nach Ägypten* - es wird zurückkehren *aus Ägypten*. Während Vers 1 auf den Exodus anspielt, wird Ägypten in den Versen 5 und 11 durch die Erwähnung von *Assur* ergänzt, das in der aktuellen Situation das Land der Knechtschaft und Entfremdung ist.

Baal (Verse 2 und 7) ist der kanaanäische Fruchtbarkeitsgott, dessen kultische Verehrung (verbunden mit Räucheropfern und Götterstatuen) auch in Israel weit verbreitet war. Im Alten Testament wird dies als Abfall vom einzigen Gott Israels, Jahwe, betrachtet und gilt immer wieder als Ursache für schwierige historische Erfahrungen, die als Strafe Gottes verstanden werden.

Adma und Zebojim (Vers 8) sind zwei Städte am Toten Meer, die zusammen mit Sodom und Gomorra untergingen (vgl. Dtn 29,22).

Vers 10 unterbricht die Rede Gottes und spricht in der dritten Person von Jahwe. Er gilt als späterer Zusatz eines judäischen Überarbeiters, der Hoseas Text für seine Zeit aktualisierte.[66]

Spruch Jahwes (Vers 11, vgl. 2,18 und 23) bekräftigt die Verlässlichkeit der Worte und schließt als Formel den zweiten zusammenhängenden Teil des Hoseabuches ab, der die Kapitel 4-11 umfasst.

Der Text ist an manchen Stellen schlecht erhalten, so dass die Übersetzungen recht stark voneinander abweichen.

Gott im Bild der fürsorglichen Mutter

Die Frühzeit Israels gestaltet Hosea als Kindheitsphase aus und beschreibt im Bild einer fürsorglichen Mutter eines kleinen Kindes, was Gott alles tat, um sein Volk großzuziehen. Das erste hebräische Verb „tirgalti" in Vers 3, das in der Bibel nur an dieser Stelle vorkommt, über-

[66] Siehe JEREMIAS, 1983 S. 147

setzt Schüngel-Straumann mit „stillen", indem sie auf eine arabische Wortwurzel zurückgreift. Die meisten Übersetzungen gehen jedoch hier nicht vom Bild einer Mutter, sondern dem eines Vaters aus und übersetzen dieses Verb mit „laufen lehren", weil es die hebräische Wurzel „Fuß " enthalten kann. „Kinder kann man aber nicht dadurch laufen lehren, indem man sie auf die Arme nimmt. Darüber hinaus wird der Vorgang des Stillens in V. 4 weiter beschrieben, indem geradezu plastisch die Haltung der Frau, die sich leicht neigt, während der Säugling trinkt, geschildert wird."[67] Schüngel-Straumann weist auf die zahlreichen bildlichen Darstellungen solcher Szenen aus dem alten Orient hin. Jedenfalls ist dieses Bild von der fürsorglichen Zuwendung geprägt von der Liebe, die Gott als allererstes seinem Sohn/Volk gegenüber ausspricht.
Hosea verwendet zwar Bilder mütterlicher (oder väterlicher) Zuwendung, nennt im Text aber weder das Wort Mutter noch das Wort Vater. In Vers 4 formuliert er ganz unbestimmt in einem offenen Plural: „Ich war für sie wie solche, die...". Schüngel-Straumann führt diese umständliche und vorsichtige Formulierung auf die Bemühungen Hoseas zurück, in seinem Kampf gegenüber den kanaanäischen Naturgöttern nicht missverstanden zu werden. Gott ist für ihn weder Mutter noch Vater, aber er verhält sich wie sorgende Eltern.
Der Text in Vers 4 ist in verschiedenen Varianten erhalten und wird für die Übersetzungen unterschiedlich verändert und ergänzt. Manche Übersetzungen verlassen hier das Bild der Eltern und lesen einen Vergleich von Gottes Handeln mit einem Bauern, der seinen Tieren das Joch abnimmt oder tragen hilft.

Die Abwendung des Sohnes/Volkes

Gleich nach der Herausführung aus Ägypten beginnt die Abwendung des Volkes, trotz der Liebe Gottes, trotz seines wiederholten Rufens. Hosea geht es hier nicht um einen Rückblick auf die ganze Heilsgeschichte, er greift nur exemplarisch den Auszug aus Ägypten heraus. Die Abwendung des Volkes zeigt sich in der Verehrung anderer Götter - dieses Motiv gehört historisch bereits in die Zeit nach der Sesshaftwerdung -, in der Verkennung von Gottes heilender Absicht und in der Weigerung, umzukehren. Sie führt zu Unterwerfung und Krieg. Nachdem in den Versen 5 und 6 die Konsequenzen der Abwendung klar ausgesprochen

[67] SCHÜNGEL-STRAUMANN, 1996, S. 35f. Dem wäre hinzuzufügen, dass man Kinder überhaupt nicht laufen lehren kann, man kann nur warten, bis sie es von selbst tun. Die unterschiedlichen Übersetzungen dieses Verses zeigen schön, wie die Gottesbilder und Lebenserfahrungen der Übersetzenden die zu treffenden textkritischen und linguistischen Entscheidungen beeinflussen. Wer bei Gott nur an Vater denkt, wird nie auf die Bedeutung „stillen" kommen.

sind, wirkt Vers 7a wie das Eingeständnis der Hoffnung, die Strafe würde eine Umkehr bewirken. Diese Hoffnung ist versteckt hinter der Enttäuschung: Das Volk „bleibt hängen" in der Abwendung von Gott. Der ganze Vers 7 ist vom Text her nicht ganz klar, man findet hier unterschiedliche Übersetzungen auch für den zweiten Teil. Schüngel-Straumann bleibt im Bild von der Mutter, die ihr Kind großzieht: „Zum Baal ruft man, aber der zieht sie nie und nimmer groß!"[68]

Jahwes heißer Herzenskampf

In den Versen 8 und 9 beschreibt Hosea, was im Innern Gottes vorgeht, gleichzeitig wechselt er von der Beschreibung zur direkten Anrede des Volkes. Gott kann sein Volk nicht vernichten, sein eigenes Herz „stürzt um". „Das hier verwendete Verb bezeichnet üblicherweise das ‚Umstürzen' von Häusern und Städten und wird häufig gerade im Zusammenhang mit Sodom und Gomorra (bzw. Adma und Zebojim) gebraucht (...). Es geschieht also, wie nach der langen Anklage zu erwarten, ein ‚Umsturz', aber nicht der befürchtete Umsturz Israels im Sinne totaler Vernichtung, sondern ein Umsturz in Gottes Herz, der zum Willenswandel in Gott führt."[69]

Gottes „Reue wird heiß". Diese Worte werden unterschiedlich übersetzt. Manche ersetzten das seltenere hebräische Wort „nichumim" Reue durch das gebräuchlichere „rachamim" Erbarmen. (Dazu muss nur ein Buchstabe leicht geändert werden, denn die Vokale wurden im Hebräischen ursprünglich nicht geschrieben und n und r sind sich auch in der hebräischen Schrift recht ähnlich.) Schüngel-Straumann, die auch dieser Variante folgt, verändert das Wort noch weiter zu „rechem" Mutterschoß, das dann parallel zum Herzen steht.[70] Der Ausdruck „der Mutterschoß wird heiß" findet sich in der Geschichte vom Urteil Salomos in 1 Kön 3,26, wo die Gefühle der wahren Mutter des umstrittenen Kindes auf diese Art beschrieben werden. Dieses „heiß werden" bezeichnet auch dort ein heftiges Gefühl, das plötzlich aufflammt und eine geplante Handlung unmöglich macht. In der Josephsgeschichte wird mit der gleichen Wendung – obwohl es sich ja um einen Mann handelt! – die Reaktion Josephs geschildert, als er unter seinen um Getreide bittenden Brüdern den jüngsten, Benjamin, erblickt. Joseph verliert die Beherrschung und muss sich eine Weile in sein Zimmer zurückziehen (Gen 43,30).

---

[68] Siehe SCHÜNGEL-STRAUMANN, 1996 S. 38
[69] JEREMIAS 1983, S. 145
[70] SCHÜNGEL-STRAUMANN, 1996 S. 40

„Rechem" Mutterschoß bezeichnet den Sitz der Gefühle, während das Herz im hebräischen Denken Sitz des Willens ist. Wenn man „nichumim" Reue stehen lässt, ist mit dem Verb „heiß werden" diese ebenfalls als ein heftiges Gefühl qualifiziert, das nun dem glühenden Zorn entgegensteht. An eine moralische Reue aus besserer Einsicht darf man hier nicht denken. Auch der Begriff „Selbstbeherrschung", den Jeremias hier noch ins Spiel bringt[71], scheint zusammen mit dem Ausdruck „heiß werden" nicht treffend. Welcher Übersetzung man schließlich auch folgt, der Doppelvers am Ende von Vers 8 will ausdrücken, dass beides, Gefühl und Willen Gottes darauf ausgerichtet sind, sein Volk nicht zu zerstören.
Interessant ist jedoch die Begründung, die Gott gibt: „Denn ich bin Gott, kein Mann (Isch), heilig in deiner Mitte". Dass hier nicht das allgemeinere Wort „Adam" Mensch verwendet wird, zeigt, dass Gott sich gegen ein Verhalten abgrenzt, das nicht mit den Menschen generell, sondern mit männlichem Verhalten im Speziellen assoziiert ist: das Vernichten im Zorn, das konsequente Bestrafen. „Adam" ist in Vers 4 im Bild von den Seilen positiv und parallel zur Liebe verwendet. Gott setzt sich also hier nicht grundsätzlich vom Menschen ab. „Isch" dagegen verwendet Hosea immer nur da, wo ausdrücklich von Männern die Rede ist.[72]
Die Heiligkeit Gottes wird traditionellerweise nicht mit seiner Liebe, sondern mit seiner Macht in Verbindung gebracht und bringt die Distanz zwischen Gott und Menschen zum Ausdruck. Hier verwendet Hosea dieses Gottesprädikat dagegen, um seinen Rettungswillen, seine erneute Zuwendung dem Volk gegenüber zu begründen.

Literatur

JEREMIAS, J., Der Prophet Hosea (Das Alte Testament Deutsch, Band 24/1), Göttingen 1983.

[71] Siehe JEREMIAS, 1983 S. 145
[72] Siehe SCHÜNGEL-STRAUMANN, 1996 S. 42

6 Gott lässt Raum zur Umkehr (Jona 3 und 4)

Oft ist die Gestalt des Jona als kleinlich-böswilliger, jüdischer Religionsvertreter karikiert worden, der anderen das Heil seines Gottes nicht gönnt. Aber die Absicht des Autors ist, seine Religionsgenossen zu lehren, dass nach menschlicher Buße die göttliche Reue und Vergebung auch den Heiden geschenkt werden kann.

Dauer	*Inhalt und Vorgehen*	*Material*
	EINSTIMMUNG	
10′	**Die Jona-Geschichte in Bildern** *Plenum, Bewegung im Raum* Bilder betrachten	Jona- Darstellungen
	TEXTVERSTEHEN	
40′	**Eine Geschichte verschiedener Gefühle** *Plenum, im Stuhlkreis* Jona 3-4 vorlesen Hintergrundinformationen Stellkarten wählen Instrumente wählen und Klänge zu den Gefühlen ausprobieren Reihum die Klänge vorspielen Text nochmals vorlesen Text langsam vorlesen, dazu an entsprechenden Orten die Klänge spielen Austausch • Was habe ich gehört? • Was ist mir im Text deutlicher geworden?	Textblätter Stellkarten, mit Gefühlen beschriftet Instrumente
45′	**Gottesbilder im Jonabuch** *4er-Gruppen* • Welches Gottesbild hat Jona? • Welches Gottesbild vermittelt der Autor? Stichworte auf 2 Plakate notieren *Plenum, im Stuhlkreis* Ergebnisse austauschen und ergänzen	Textblatt Plakate, Stifte

	AUSKLANG	
40′	**Wie könnte es weitergehen?** *3er-Gruppen* • Was unternimmt Jona nun? • Wie reagiert er auf das konfrontierende Gespräch mit Gott? Kurze Spielszene vorbereiten *Plenum, Halbkreis und „Bühne"* Gruppenweise Spielszenen vorstellen Austausch nach jedem Spiel: • Was habe ich gesehen und gehört? Austausch zum Schluss: • Welche Probleme verursacht ein Gott, der sich ändert, den Menschen, die an ihn glauben?	
15′	**Abschluss** *Einzelarbeit* Worte oder einen Satz an Gott, an Jona oder zur Geschichte formulieren *Plenum, im Stuhlkreis* Reihum die eigenen Worte/den eigenen Satz mit Stimme oder Instrument gestalten und vortragen	Instrumente

Kommentar

Raum und Einrichtung: An den Wänden des Kursraumes hängen verschiedene Jona-Darstellungen zur ganzen Jona-Geschichte aus unterschiedlichen Epochen. Die Klangobjekte liegen auf Tischen bereit.

Textblatt: Der Text ist in die beiden Kapitel aufgeteilt.

Die Jona-Geschichte in Bildern: Zur Jonageschichte gibt es, teilweise auch abgedruckt in den verschiedenen Auslegungen, zahlreiche Darstellungen und Illustrationen, die für diese Bibelarbeit vergrößert kopiert werden können. Die Teilnehmenden betrachten die Bilder, sprechen untereinander darüber und erinnern sich an den ersten bekannteren Teil der Jona-Erzählung, der hier nicht thematisiert wird. Im folgenden Verlauf wird auf die Bilder nicht weiter eingegangen. Allfällige Fragen werden im folgenden Plenum geklärt.

Eine Geschichte verschiedener Gefühle: Nach dem Lesen des Textes folgen einige Hintergrundinformationen zum Jonabuch (siehe S. 81f.). Sinnvoll ist es auch, die Vorgeschichte (Jona 1-2) gemeinsam mit den Teilnehmenden kurz zu rekonstruieren und Verständnisfragen zum Text und allenfalls zu den Bildern zu klären.
In der Raummitte werden Stellkarten (Halbkarton A4, längs gefaltet) platziert, auf welchen groß verschiedene menschliche Gefühle oder Empfindungen notiert sind (z.B. Freude, Zorn, Enttäuschung, Verzweiflung, Hoffnung, Angespannt-Sein, Ruhe, Mitleid), die im Zusammenhang mit dem Jonatext anklingen. Die Teilnehmenden wählen eine dieser Karten aus, holen sich ein Instrument und nehmen wieder Platz, wobei sie die Karte gut sichtbar vor sich hinstellen .
Je nach Größe der Gruppe sind für einige Gefühle zwei Karten vorhanden, oder die Teilnehmenden gruppieren sich um die Karten. Interessanter wird der folgende Teil, wenn alle Gefühle von mindestens einer Person gespielt werden.
Zunächst werden die Klänge zu den ausgewählten Gefühlen einzeln reihum hörbar gemacht, so dass sie nachher im Spiel zur Textlesung identifiziert werden können. Der Text wird nun noch einmal gelesen - gemeinsam oder jede Person für sich -, so dass die Teilnehmenden sich überlegen können, an welcher Stelle ihr Gefühl - vielleicht nur leise, vielleicht laut und heftig - anklingt. Welche Person es im Text betrifft, spielt dabei keine Rolle. Da die Gefühle im Text nicht explizit genannt werden, geht es hier um eine Interpretation der Geschichte und der handelnden Figuren.
Nun wird der Text noch einmal sehr langsam, mit Sprechpausen und ohne Dramatik gelesen, während die Teilnehmenden mit den Instrumenten die Gefühle ausdrücken, die ihrer Meinung nach das Geschehen begleiten. Im folgenden Gespräch werden die Wahrnehmungen ausgetauscht und die hinter dem Spiel stehenden Interpretationen diskutiert.

Gottesbilder im Jonabuch: In Vierergruppen arbeiten die Teilnehmenden den Text aus zwei verschiedenen Perspektiven durch: Bei der Frage nach dem Gottesbild des Jona bleiben sie auf der Ebene der Erzählung und gehen von der literarischen Figur des Jona aus. Etwas schwieriger ist möglicherweise die zweite Aufgabe, hinter der Erzählung das Gottesbild des Autors aufzuspüren.

Wie könnte es weitergehen? Das Jonabüchlein endet mit einer offenen Frage Gottes. Die Antwort wird immer neu vom Leser und von der Leserin erwartet. Was hat wohl Jona nun unternommen? Die Kleingruppe diskutiert verschiedene Möglichkeiten und spielt nachher eine erfundene Situation vor, als Pantomime oder mit Sprechen. Ausgangpunkt für diese Phantasieübung ist: „Jona sitzt unter der Rizinusstaude...".
Nach jeder Szene äußern die Zuschauenden ihre Wahrnehmungen, allenfalls wird geklärt, was die Spielenden genau darstellen wollten. Zusammenfassend kann am Ende die Frage angesprochen werden, wie schwierig es oft ist, an einen Gott zu glauben, der sich ändert.

Abschluss: Die Teilnehmenden fassen das, was ihnen jetzt wichtig ist, in einem Satz zusammen. Dies kann auch ein fiktiv an Gott oder an Jona gerichteter Satz oder eine Frage sein, oder man könnte versuchen, folgende Sätze zu ergänzen:
„Ich staune über einen Gott, der . . ."
„Manchmal erfahre ich Jona in mir, der . . ."
Die Sätze werden in der abschließenden Runde nicht nur einfach vorgelesen, sondern mit dem Klang eines (oder mehrerer) Instrumente und/oder den Möglichkeiten der eigenen Stimme gestaltet. Das soll relativ spontan geschehen, ohne allzu lange Vorbereitungszeit, denn diese vergrößert nur den Druck, nun etwas aufführen zu müssen. Wer seinen Satz für sich behalten möchte, kann auch nur mit einem Klang etwas davon ausdrücken.

Gedanken und Informationen zur Jona-Geschichte

Kontext
Die Jona-Erzählung ist eine satirische Novelle mit märchenhaften Zügen, die mit Anklängen an andere Prophetentraditionen spielt. Sie stammt aus der Zeit nach dem babylonischen Exil, etwa dem 4. Jahrhundert v. Chr. Zu dieser Zeit ist die Stadt Ninive, in der die Geschichte spielt, längst zerstört.
Der in 2 Kön 14,25 erwähnte Prophet Jona, dessen Lebenszeit etwa im 8. Jahrhundert v. Chr. anzusetzten wäre, kann nicht der Protagonist dieser Erzählung sein. Brüche und Widersprüche in der Erzählung deuten auf eine Entstehung aus verschiedenen Überlieferungsstoffen hin. Entsprechende Hypothesen wurden von verschiedenen Forschern aufgestellt, sind aber zu unsicher. Wir betrachten die Erzählung, so wie wir sie

in der Bibel finden, als literarische Einheit, beschäftigen uns hier jedoch nicht mit der bekannteren Fisch-Geschichte aus dem ersten Teil, sondern mit den Kapiteln 3 und 4, die von Jonas erfolgreichem Wirken in Ninive und seinem Zorn über Gottes Erbarmen handeln.

Erklärungen zum Text
Ninive, am linken Tigrisufer gegenüber dem heutigen Mossul gelegen, war die Hauptstadt des neuassyrischen Reiches. Für damalige Verhältnisse war es eine Großstadt, allerdings sind die Größenangaben des Jonabuches mit drei Tagesmärschen Durchmesser (60-80 km) nicht real zu verstehen. Darauf weist auch die Formulierung „groß vor Gott", die übermenschliche Maßstäbe anlegen will. Nach den Ausgrabungen hatte die historische Stadt Ninive eine Ausdehnung von 4-5 km im Durchmesser. Nach einer guten Stunde hätte Jona also bereits den anderen Stadtrand erreicht. Die in 4,11 erwähnten 120 000 Einwohner dagegen könnten etwa der realen Bevölkerung zur Zeit Sanheribs entsprechen.[73]

Ninive
„Der Grabungsbefund erbrachte, dass 22 Meter Schutt eine der ältesten Städte des Zweistromlandes repräsentieren, deren Anfänge in das 5. und 4. Jt. reichen. Sie wird seit dem Ende des 3. Jt. inschriftlich bezeugt, und zwar als eine der Göttin Ischtar geweihte Kultstätte. Alt-, mittel- und neuassyrische Könige hatten an Ninive gebaut, aber erst Sanherib (704-681) hat Ninive ein Vierteljahrhundert lang zur Hauptstadt des neuassyrischen Reiches mit Palästen, Tempeln, Wällen und Bewässerungsanlagen ausgebaut und darin als ‚König von Assur' residiert. Assurbanipal (668-631) hat hier die berühmteste alte Keilschriftbibliothek geschaffen. Im Jahr 612 zerstörten die Meder und die Neubabylonier die Stadt endgültig."[74]

Dem Verfasser des Jonabuches geht es aber nicht um die historische Stadt Ninive, darum trägt der König auch keinen Namen. Er wird modelliert als Gegenstück zum König Jojakim, wie er im Jeremiabuch (Jer 36) geschildert wird: Dieser König in Jerusalem bleibt sitzen, als er Jeremias Unheilsankündigung für Mensch und Vieh (Vers 29) hört, verbrennt die Schriftrolle, auf der sie aufgeschrieben ist, Stück für Stück (Vers 23), zerreißt seine Kleider nicht (Vers 24) und ordnet kein Fasten an. Die Hoffnung Gottes auf eine Umkehr des Königs und des Volkes

[73] Siehe WOLFF, S. 148
[74] WOLFF, S. 122

(Vers 3), die ihm erlauben würde, ihnen zu verzeihen und von seinen Vernichtungsplänen abzusehen, erfüllt sich nicht. In der heidnischen Stadt Ninive dagegen geschieht nun all das, was Gott sich damals von seinem Volk erhofft hatte.
Der Name „Ninive" steht nach den Erfahrungen Israels mit der Assyrischen Großmacht als Symbol nicht nur für eine heidnische Stadt, sondern für die Hölle auf Erden (wie für uns heute die Namen Auschwitz, Hiroshima, Srbenica, usw.). Alles, was Menschen an Gemeinem, an Kriegerischem, an Zerstörerischem unternehmen, wird durch Ninive symbolisiert. Eine Stadt voll Blutschuld, Lüge und Raffgier wird sie im dritten Kapitel des Nahum-Buches genannt, in der man in den Straßen dauernd über Leichen stolpert. Ninive ist das, was man flieht, wenn man leben will. Ninive ist der äußerste Gegensatz zu Gott und zu allem, wofür er steht: Leben, Friede, Gerechtigkeit.
Der Name Jona bedeutet „Taube". An wenigen Stellen in der Bibel wird der Begriff gebraucht, um das Flatterhafte, Unsichere zu umschreiben. Manche Exegeten möchten dies auch auf Jona bezogen wissen. Aber „Taube" meint im „Hohen Lied" ein zärtliches Liebeswort. In Naturreligionen ist die Taube oft ein Symbol der universellen Liebesgöttin. Jona soll so etwas wie ein Liebesbote Gottes sein - nur weiß er es noch nicht.
Die Zahl 40 meint eine besondere, gewisse, erfüllte Zahl. Die Fastenzeit dauert 40 Tage, Jesus wurde 40 Tage in der Wüste versucht, Mose wurde 3 x 40 Jahre alt.
Rizinus wächst auch in Wirklichkeit schnell, hier jedoch in märchenhafter Zeit von einem Tag. Die großen Blätter sind als Schattenspender nützlich, die Staude wird höher als 3 Meter.

40 Tage Frist für Ninive
Der Beginn dieses Abschnitts der Jonageschichte wird sehr knapp erzählt. Umstände und Details interessieren nicht. Die Botschaft Jonas an Ninive erfährt der Leser erst, als dieser schon mitten in der Stadt steht: „Noch 40 Tage und Ninive ist zerstört!" Sie umfasst in der hebräischen Sprache nur gerade 5 Wörter. Was für eine merkwürdige Predigt! Kein Wort über das, was in diesen 40 Tagen möglich wäre.
Warum will Gott die Stadt zerstören? „Die Bosheit von Ninive kam wider mich" (1,2). Gott hält diese Bosheit nicht mehr aus. Das Böse hat eine Frist erhalten, und diese Frist läuft nun ab. Gott hat die Gewalt satt. Deshalb noch 40 Tage, und die Zeit der Gewalt ist um. Übt Gott mit dieser Ankündigung auch Gewalt aus? 40 Tage - das ist eine Zeitansage. Leben in Sichtweite der endgültigen Grenze ist bewusstes Leben. Darauf aufmerksam gemacht zu werden ist Chance, nicht tödliche Bedrohung. Gott

will Ninive verändern. In 40 Tagen ist Umkehr möglich, weil Umkehr ein Werdegang ist. In 40 Tagen kann viel geschehen.
Dies wird nun ausführlicher geschildert, während Jona selbst aus dem Blickfeld gerät. Die Menschen von Ninive spüren, dass in diesen 40 Tagen auch eine Verheißung verborgen liegt. Ein Erlass des Königs und seiner Grossen ruft nicht nur die Menschen, sondern auch die Tiere auf, nichts mehr zu sich zu nehmen. Alle sollen zu Gott schreien. Vielleicht tut es dann dem unbekannten Gott um die Stadt leid und er nimmt sein Zorngericht zurück. Keinen Anspruch auf Erbarmen erheben die Leute von Ninive mit ihrer Buße, nur die Hoffnung formulieren sie.
Das ist der Sinn der Gerichtsprophetie: Gott kündigt sein Gericht an, damit die Menschen Buße tun und er es gerade *nicht* zu vollstrecken braucht. Das Wesentliche sind dabei nicht die äußeren Zeichen wie Kleidung und Fasten, sondern die Änderung der Gesinnung. So wird es im etwa zeitgleich verfassten Buch Joel (2,12ff.) für Jerusalem geschildert, mit ähnlichen Worten wie hier die Reaktion Ninives beschrieben ist. Gott als Gott der Vergebung - auch für Nicht-Juden - ist kein neutestamentliches, sondern bereits ein alttestamentliches Konzept.
Das Unwahrscheinliche geschieht tatsächlich: Als Gott die Buße der Niniviten sieht, reut ihn das angedrohte Unheil, und er führt es nicht aus. Auch Gott tut Buße. Es ist ein Akt der Versöhnung, den er begeht. Darum lesen die Juden die Jona-Geschichte an ihrem großen Versöhnungstag, dem Jom Kippur, der am Ende der zehn Bußtage gefeiert wird. Als dritte Lesung vor Einbruch der Dunkelheit hören die Gläubigen die Jona-Geschichte, hören diesen einzigartigen Vers: „Da reute es Gott, und er tat es nicht!“ und schöpfen neue Hoffnung.
Gott ändert sich. - Wo bleibt die Verlässlichkeit, die Eindeutigkeit, die Verbindlichkeit, die Berechenbarkeit Gottes, wenn sogar er seine Meinung ändert? Das Motiv hinter dieser Veränderbarkeit Gottes, hinter dieser Flexibilität, die Jona so Mühe macht, ist seine Treue. Gott opfert lieber die Untergangsdrohung seines Boten und damit dessen Glaubwürdigkeit als seine Geschöpfe!
Das Jonabuch sagt allen Menschen guten Glaubens: Glaubt an die Bekehrbarkeit Ninives. Mehr noch: Arbeitet für die Bekehrung Ninives. Rechnet mit der Verbesserlichkeit des Menschen!

Es ist möglich, Gott umzustimmen!
Der jüdische Literatur-Nobelpreisträger Elie Wiesel schreibt im Zusammenhang mit Jona dazu: „Anders als die griechische Mythologie verwirft das Judentum den Gedanken des Fatalismus. Das Schicksal ist nicht unerbittlich. Entscheidungen sind nie unwiderruflich. Der Mensch ist kein Spielzeug, das in vorbestimmter Weise funktioniert; seine Verbindung zur Unendlichkeit sichert ihm den Zugang zu unendlich vielen Möglichkeiten. Der Gang des Schicksals kann aufgehalten werden. ... Das Böse kann abgebrochen, abgewendet, kann besiegt werden, mehr noch, es kann verändert werden, kann zahllose Umwandlungen durchmachen, wenn man bereut ... Jonas Lektion lautet: Nichts ist festgeschrieben, nichts besiegelt: Selbst der Wille Gottes kann sich ändern. Jedem Menschenwesen wird eine weitere Chance gewährt, eine nochmalige Gelegenheit, das Leben von vorne zu beginnen".[75]

Ein Rizinus für Jona
Das vierte Kapitel wendet sich nun wieder Jona zu. Er will sterben wie der Prophet Elia, der – unter einem Ginsterbusch sitzend – ebenfalls seinen Tod herbeiwünscht (1 Kön 19,4), allerdings aus dem entgegen gesetzten Grund: Elija wurde wegen seiner Prophezeiungen verfolgt, Jona dagegen könnte sich, gemessen an den Auswirkungen seiner Predigt, als erfolgreich betrachten. Er fühlt sich dagegen betrogen von Gott. Dieser stellt nun in der folgenden Szene nur noch Fragen und arrangiert Erlebnisse, die Jona zur Erkenntnis bringen sollen, dass sein Zorn über Gottes Erbarmen mit Ninive unberechtigt sei. Mit Gottes letzter Frage endet die Erzählung. Jona beantwortet sie nicht, und so gibt sie der Autor weiter: Soll Gott denen, die nicht zum Gottesvolk gehören, aber zu seiner Schöpfung, nicht auch vergeben?

Jona – ein Fundamentalist?
Mit Jona ist in dieser Erzählung die Gestalt eines Menschen gezeichnet (oder auch überzeichnet), der unflexibel an seinem Glauben und seiner Gottesvorstellung festhält und nicht bereit ist, sich weiterzuentwickeln. „Durch das ganze Buch hindurch erscheint Jona als widerspenstig, bockig, aufsässig, ichbezogen, kommunikationslos und wortfaul, engstirnig in seinen Anschauungen und grundlos auf der eigenen Uneinsichtigkeit beharrend. Mit seiner Vorstellung von Gott – dass dieser die Sünder strafen, ja zugrund richten muss – ist er offensichtlich so identifiziert, dass eine Veränderung seines Gottesbildes den Zusammenbruch seiner Le-

[75] WIESEL, S. 120

benswelt bedeuten würde; seine Ichstärke bzw. seine menschliche Identität steht und fällt, wie sein Glaube, mit seinem gnadenlosen Gott; er ist der Halt seines Lebens. Eine Änderung seines Gottesbildes - die mit der Erfahrung, einen Auftrag erfüllen zu müssen, längst eingesetzt hat - treibt ihn daher in die Verzweiflung. Dieser Jona - ist das nicht ein Fundamentalist...?". So fragt die Theologin und Tiefenpsychologin Maria Kassel.[76] Diese Figur reizt kaum zur Identifikation, aber die Beschäftigung mit ihr kann uns zum selbstkritischen Nachdenken anregen über unsere Bereitschaft, religiös weiterzulernen.

„Die Ironie der Erzählung zeichnet den Frommen und Sicheren als einen, der in Wirklichkeit weniger weiß als die unwissenden Heiden, der sich in sich selbst verkrümmt... Tragische Spitze ist, dass es eben gerade die Frommen sind, die ihren Gott am wenigsten sehen, wie er ist, weil sie ihn zu haben meinen; dass es gerade die Eigenen sind, die es am schwersten haben mit Gott, weil sie sich dem nahe wähnen, der in Wirklichkeit nicht festzulegen ist. Andererseits führt Jona 4 auch vor, dass der Mensch vor Gott mehr gilt, als er selber meint, die Niniviten mehr, als ihre Vergangenheit verheißt, aber auch Jona mehr, als sein Fehlverhalten, seine zornige Bosheit verdient. Gott geht jedem nach, den gottlosen Heiden geradeso wie dem verdrehten Gottesmann. Für ihn ist der Mensch ein Anderer, als er selber denkt."[77]

Literatur

KASSEL, M., Das Buch Jona, in: SCHOTTROFF, L. / WACKER, M.-T., Kompendium Feministische Bibelauslegung, Gütersloh 1998.

KRIEG, M., in: JÖRNS, K.-P., Predigtmeditationen zu Continuatexten, Göttingen 1985.

WIESEL, E., Jona oder die Chance des Menschen, in: Von Gott gepackt, Freiburg 1983.

WOLFF, H.W., Dodekapropheton 3, Obadja und Jona, (Biblischer Kommentar Altes Testament, Band XIV/3), Neukirchen-Vluyn 1977.

[76] KASSEL, S. 333

[77] KRIEG, S. 212f.

7 Gott wurde anders – und führt zu Problemen (Ps 77)

Der 77. Psalm stellt für den Menschen eine Zumutung dar. Er ist der einzige der hier besprochenen Texte, in welchem sich Gott scheinbar grundlos zum Fremden, Unverständlichen und Abwesenden hin verändert hat. Damit spricht der Psalm eine Situation an, die gerade heutige Menschen sehr oft beklagen. Andererseits kann diese Zumutung positiv verstanden werden. Der Psalmist geht auf überraschende Art mit dieser Gottesferne um. Hierin unterscheidet er sich von manchen heutigen Zeitgenossen und ermöglicht damit eine neue Sichtweise.

Dauer	*Inhalt und Vorgehen*	*Material*
	EINSTIMMUNG	
40′	**Mit der eigenen Stimme...** *Plenum, Bewegung im Raum* Äußerungen mit der Stimme (Anleitung s. Kommentar) *3er-Gruppen* • Wie habe ich dies erlebt? • Wie und wann setze ich im Alltag meine Stimme ein? • Wann habe ich etwa zum letzten Mal geschrien? *Plenum, im Stuhlkreis* Blitzlicht • Was beschäftigt mich jetzt?	Plakat: Liste mit verschiedenen Stimm-äußerungen
10′	**...in den Psalm einstimmen** *Plenum, im Stuhlkreis* Verse 2-10 vorlesen Klangliche Umsetzung, nach Vers 7 ausklingen lassen	Tamburin oder Djembe

	TEXTVERSTEHEN	
30′	**Fragen – im Text und bei uns** *Plenum, im Stuhlkreis* Verse 8-10 vorlesen, Textblatt verteilen • In welchen konkreten Situationen stellen sich solche Fragen? • Welches Menschen- und Gottesbild steht dahinter? • Wie ist es heute: wird auch so gedacht, sind solche Fragen noch hörbar?	Textblatt mit den Versen 8-10
40′	**Wenn Gott sich ändert...** *Plenum, im Stuhlkreis* Gesamten Psalmtext verteilen Versweise reihum lesen Hinweise zu Aufbau, Theologie und Entstehungskontext Reaktionen auf den Text Rückblick auf die vergangenen Bibelarbeiten unter dem Focus: „Wenn Gott sich ändert..." *Einzelarbeit* Ein Bild malen • „Wenn Gott sich ändert, wie sieht dann meine Beziehung zu ihm aus?"	Textblatt mit Vers 11 in der Mitte Farben, Becher, Pinsel, Plastikteller als Paletten, Malpapier, Abdeckband
	AUSKLANG	
30′	**...wie ist dann meine Beziehung zu ihm?** *Zweiergruppen* • Wie ist es mir beim Malen ergangen? • Was ging mir dabei durch Kopf und Herz? *Einzelarbeit* Einen Satz zum eigenen Bild notieren *Plenum, im Stuhlkreis* Bilder der Reihe nach in die Mitte legen und den Satz dazu vorlesen *Plenum, stehend im Kreis* Ganzen Psalm nochmals lesen Abschlussritual (Anleitung s. Kommentar)	Bilder

Kommentar

Raum und Einrichtung: Auf Tischen am Rand (oder, wenn zu wenig Platz vorhanden ist, in einem Nebenraum) werden die Arbeitsplätze zum Malen vorbereitet: mit breitem Abdeckband werden die Malpapierbögen auf die Tische geklebt. Zu jedem Arbeitsplatz gehört ein Becher Wasser. Gouach-Farben, zahlreiche Pinsel verschiedener Größen und Plastikteller als Paletten liegen auf einem zusätzlichen Tisch bereit.

Textblatt: Der Text wird auf dem Blatt (A4 quer) in 3 Spalten gegliedert: Die linke Spalte umfasst in 3 Abschnitten Vers 2 / Verse 3-7 / Verse 8-10. In der mittleren Spalte steht groß hervorgehoben Vers 11. Die rechte Spalte enthält die Verse 12-21. Für Vers 11 haben wir eine (eigene) Übersetzung gewählt, die den Schmerz direkt formuliert, so wie wir es auch tun würden: „*Das tut mir weh,* dass das Handeln des Höchsten so anders geworden ist“. Für die restlichen Verse haben wir die Übersetzung der Neuen Zürcher Bibel (Zürich 1996) verwendet.
Da wir zuerst mit den Fragen des Psalmisten in den Versen 8-10 beginnen und erst in einem weiteren Schritt den gesamten Text betrachten, benötigen wir zusätzlich kleine Textblätter, auf denen nur diese drei Verse stehen.

Mit der eigenen Stimme ... : Der Psalmist drückt in den ersten sieben Versen seine Beziehung zu Gott durch verschiede Varianten seiner Stimme aus. Daher werden die Teilnehmenden gebeten, aus einer vorgegeben Liste von Stimmäußerungen (rufen, schreien, seufzen, stöhnen, flüstern, summen, singen, sprechen, wimmern, lachen, pfeifen, husten, jauchzen, kichern, weinen) eine auszuwählen, daraufhin frei im Raum umherzugehen und mit der eigenen Stimme das gewählte Beispiel zu imitieren. Dann erfolgt nach eigenem Gutdünken ein selbständiger Wechsel zu andern Begriffen. Damit soll den Teilnehmenden ein möglichst unverkrampfter Zugang zum Psalm ermöglicht werden; zugleich erleben sie, wie sehr der Psalmist in den Alltag hinein spricht, weil er durch diese diversen Stimmäußerungen tiefe menschliche Empfindungen aufnimmt. Sollten dennoch die Hemmungen in der Gruppe zu groß sein, wäre auch in dieser Phase (wie in der nächsten vorgesehen) die Verwendung eines Tamburins oder einer Djembe als Hintergrund möglich. Im anschließenden Gruppenaustausch soll den Teilnehmenden bewusst werden, wie sie mit den Möglichkeiten ihrer Stimme im Alltag umgehen, wie sehr dieser Umgang auch gesellschaftlich geprägt ist und dass normalerweise ein großer Teil des Stimmpotenzials brach liegt. Im Plenumsblitzlicht können die Teilnehmenden auch unangenehme Erfahrungen äußern; zudem erfährt die Leitung, was die Einzelnen gerade beschäftigt.

... in den Psalm einstimmen: Nachdem die Verse 2-10 vorgelesen sind (obwohl sich diese Sequenz auf die Verse 2-7 beschränkt, ist es für den Kontext wichtig, ebenso die weiteren Verse 8-10 vorzutragen), beginnt die Leitung erneut mit dem Textvortrag (nun nur die Verse 2-7). Dazu werden die Teilnehmenden eingeladen, erneut im Raum umherzugehen und für sich selbst den Psalm durch verschiedene selbst geäußerte Stimmlaute zu untermalen. Die begleitende Perkussion will einen Klangteppich legen mit dem Ziel, eher gehemmte Teilnehmende in ihren Lautäußerungen zu unterstützen. Wichtig ist, dass die Lektüre sehr langsam, mit Sprechpausen und in repetierender Weise erfolgt, damit für die Gruppenmitglieder ein stimmliches Einschwingen und Experimentieren möglich wird.

Fragen – im Text und bei uns: Die Verse 8-10 beschränken sich auf die zukunftsgerichteten Fragen des Psalms. In diesen Blick des Psalmisten sollen auch die Erwartungen und Befürchtungen der Teilnehmenden einschwingen können. Deshalb ist es wichtig, lediglich die Verse 8-10 abzugeben. Die Startfrage „In welchen konkreten Situationen stellen sich solche Fragen?" lässt den Kontext sowohl des Psalmschreibers als auch des heutigen Menschen zu. Die Beweggründe des Psalmisten sind unbekannt, können aber von Überlegungen aus unserem Kontext her hypothetisch erschlossen werden. Es soll in dieser Sequenz noch nicht um die hisorisch-kritischen Hintergründe des Textes gehen.

Wenn Gott sich ändert ...: Der Aufbau des Psalms wird aus der Gestaltung des Textblattes ersichtlich. Wegen der nur kurzen zur Verfügung stehenden Zeit zur theologischen Beschäftigung mit dem ganzen Psalm empfiehlt es sich, schwergewichtig die drei Zeitaspekte (2-7: Gegenwart; 8-10: Zukunft; 12-21: Vergangenheit) hervorzuheben und nachzuspüren, wie unterschiedlich der Psalmist diese drei Zeitepochen angeht. Im zentralen Vers 11 nimmt der Psalm heutige Schwierigkeiten des Menschen mit Gott auf. Zugleich wird deutlich, dass schon damals den Psalmisten diese aktuelle Gottesveränderung beschäftigt hat.
Wenn diese Kurseinheit den Themenkreis zur Frage der Veränderung Gottes abschließt, macht es Sinn, wenn die Kursleitung in einem Rückblicksbogen über die vergangenen Kursabende zusammenfassend kurz auf die verschiedenen behandelten Texte und die dort erwähnten Gottesveränderungen eingeht. Damit wird der Weg geebnet zu einer per-

sönlichen Evaluation des Gesamtthemas, in welcher jede und jeder Teilnehmende seine eigene Haltung nochmals nachvollziehen kann.

... wie ist dann meine Beziehung zu ihm? Nach einem kurzen Austausch über den Malprozess (am besten mit dem Tischnachbarn) notieren die Teilnehmenden zum eigenen Bild einen einzigen Satz oder einen Titel, den sie dann im Plenum nennen, wenn sie ihr Bild in die Kreismitte legen. Damit gelangt etwas von der eigenen persönlichen Beschäftigung in die Gesamtgruppe, ohne dass jedes Bild vorgestellt werden müsste.
Nach der nochmaligen Lektüre des gesamten Psalms schlagen wir ein Abschlussritual vor, das in der folgenden Anleitung beschrieben ist. Hintergrund dazu ist die Tatsache, dass jede Person als Individuum mit ihrem eigenen Gedankengut in diesen Kurs, diese Bibelarbeiten gekommen ist, dass die Gruppe gemeinsam Erfahrungen gemacht und Einsichten ausgetauscht hat, dass die Gruppe sich nun auflöst und jede Person für sich mit dem, was sie aus dieser Arbeit mitnimmt, nach Hause geht.

Anleitung „Abschlussritual"
Ihr habt euch je mit euren eigenen Gedanken, euren persönlichen inneren Bildern zum Kursthema angemeldet.
Während des Kurses haben wir einander wahrgenommen; wir sind ein Stück weit zusammen thematisch weiter gegangen.
Bald werden sich unsere Wege wieder trennen, wobei jeder in seiner eigenen Richtung den persönlichen Weg fortsetzt.
Wir wollen diesen Weg zum Abschluss mit unseren Stimmen hörbar machen.
Summe deinen Ton, der dir im Moment entspricht. Nimm die anderen Töne wahr, aber bleibe bei deinem.
Variiere dann deinen Ton, versuche, in den Gruppenton einzuschwingen.
Kehre dann wieder zu deinem Ton zurück – es muss nicht der gleiche sein wie zu Beginn – nimm die andern wieder wahr, bleibe bei deinem.

Da sich erfahrungsgemäß die Gruppe sehr schnell auf einen gemeinsamen Gruppenton einigt (und dort gerne auch verbleiben will), sollte zu Beginn der Ablauf klar bekannt gegeben (und natürlich auch begründet) werden. Dieses Schlussritual bleibt unkommentiert.

Gedanken und Informationen zum Psalm

Der Beter von Psalm 77 leidet. Allerdings, und das ist beachtenswert, reduziert er sein Leiden nicht bloß auf die eigene Person (wie zunächst die Verse 2-7 vermuten lassen könnten), sondern betrachtet es stets im Zusammenhang mit der Situation seines Volkes, um die seine Gedanken kreisen. Israel ist für ihn die tragende Basis und zugleich der Mittelpunkt seiner Existenz. Einen Grund, der zu diesem Leiden geführt hätte, nennt er freilich nirgends. So sehr ihm aber das zukünftige Schicksal seines Volkes am Herzen liegt, quält den Psalmisten am meisten der für ihn auf rätselhafte Weise so anders gewordene Gott. Diese Not konzentriert sich in Vers 11, welcher damit zum schwergewichtigen Tiefpunkt der ganzen Dichtung wird. Das eigene Leiden des Psalmbeters ist hiermit in zweifacher Hinsicht verschränkt: mit dem Leiden seines Volkes und mit dem seltsamen Verhalten seines Adressaten.
Für die Bestimmung der Entstehungszeit des Psalms gibt es kaum Hinweise.

Das aktuelle Leiden (Verse 2-7)
Der Psalmbeginn in Vers 2 (Vers 1 beinhaltet lediglich die Überschrift, die wir hier weglassen) ist, wie in Gebetsliedern Einzelner üblich, eine Anrufung Gottes, verbindet sich aber zugleich mit der Gesamtintention des ersten Psalmteils: Die Notlage des Beters wird darin auf einen Blick evident. Die Wortwiederholung gleich zu Beginn zeigt die besondere Eindringlichkeit seines Rufens. Die gewählte Form der Gegenwart macht deutlich, dass für ihn die besagte Not noch andauert. Sein Schreien soll dabei die von ihm erlebte unermessliche Distanz der Gottferne aufzeigen und zugleich zu überbrücken versuchen. Zu Jahwe selbst befindet er sich offensichtlich in einer gewissen Distanz; stets wählt er die dritte Person und redet somit nicht mit, sondern lediglich über ihn. Solange sein Unverständnis zum (Nicht-)Handeln Gottes sein Thema bleibt (2-11), verharrt er in dieser sich von ihm absetzenden ER-Form.
Sich selbst stellt er dar in seinen Anfechtungen und Nöten. Bei Nacht grübelt er und quält sich (5.7). Trotzdem ist sein Verhalten bemerkenswert: Einerseits verzichtet er konsequent auf ein Hadern mit Gott, andererseits distanziert er sich, trotz Gedanken über die schöne Vorzeit (6) von oberflächlichen (Ver-)Tröstungen.

Der angstvolle Zukunftsblick (Verse 8-10)
Hier kann der Leser zum ersten Mal die Ursache dieses Leides erahnen, indem der Beter angstvoll fantasiert, wie die Zukunft wohl aussehen könnte. Diese Ursache gründet vorab in der Not des Volkes, welche für den Psalmisten zur Krise seines Glaubens geführt hat (9). Bewusst sind die Worte nicht reflexiv formuliert, wie dies fälschlicherweise einige Bibelübersetzungen tun, indem sie das befürchtete „verstoßen" und das vermisste „gnädig sein" (8) auf den Psalmbeter rückbeziehen, was aber zu einer völlig andern Aussage führt! Im hebräischen Text fehlt das Objekt des Verstoßens und der Gnade. Der Psalmist hat nicht nur sein eigenes Schicksal im Blickfeld, sondern sieht sich selbst ganz im Kontext des Volkes Israel. Das Erwähnen von „Güte" (9) und „Erbarmen" (10) Gottes lässt auf ein Schuldempfinden des Volkes Israel schließen (ohne dass dieses explizit erwähnt würde), welches nach einem Gnadenakt Jahwes verlangt, auf den der Mensch zwar nie Anspruch erheben darf, ohne den er aber ebenso wenig zu leben vermag. Trotzdem dispensiert sich der Psalmbeter keineswegs von eigener Schuld. Gerade darin solidarisiert er sich mit seinem Volk, dessen Schicksal ihm so sehr am Herzen liegt, als ginge es um seine eigene Zukunft.

Der zentrale Leidensaspekt (Vers 11)
Es scheint, als hätte der Beter es sich erlaubt, im ersten Psalmteil dem Klagen den erforderlichen Raum zu gewähren, so dass er nun diesen Ausruf formulieren kann, der wie ein Bekenntnis erscheint. Diesen Zentralsatz formuliert er nun wieder in der ersten Person und drückt damit aus, dass dies nun seinem ureigenen Empfinden entspricht. Somit bringt er sein Anliegen gleichsam auf den Punkt (und spricht damit zugleich manchem heutigen Beter aus der Seele). Dennoch formuliert er diese Hauptaussage erstaunlich sachlich und verbindet sie nicht mit einem Vorwurf; es ist lediglich eine Feststellung, mit der er es auch bewenden lässt. Trotzdem werden in seinen bedrängenden Worten sein Leiden und damit sein inneres Engagement spürbar.
Sobald er aber diese Klage formuliert hat, ermöglicht er sich damit selber, sich von diesem Thema und damit von eigenen festgefahrenen Leidensgedanken zu lösen, und kann es in der Folge wagen, gleichsam den Blick zu heben und Gott aus einer nötigen Distanz zu beobachten. Zugleich mag dies zur Frage führen, ob sich nicht gerade in dieser göttlichen Verhaltenheit dem Menschen eine Perspektive eröffnet, die ihm zwar zunächst unerklärlich begegnet, sich für ihn aber im Nachhinein als Nutzen erweist?

Der hoffnungsvolle Blick zurück (Verse 12-21)
Zunächst könnte man den Abschnitt so verstehen, dass er ein sehnsüchtiges Nachtrauern von beglückenden, aber längst vergangenen Zeiten widerspiegelt, im Sinn eines „es war doch ehedem so schön!" Werden jedoch die ersten 11 Verse mitberücksichtigt, bleibt der Grund für diese letzten Psalmverse nicht bei der Sehnsucht stehen. Gerade weil Jahwe schweigt (9), und in der Folge der Beter seinen tiefsten Schmerz Gott gegenüber ausgedrückt hat, ist es ihm jetzt möglich, selbst mit seinen Gedanken in die Zeit der großen Wundertaten Gottes zurückzugehen. Somit ermöglicht das Schweigen Gottes dem Menschen auch eine positive Seite: Es gewährt ihm Raum für eigene Gedanken, die in einem sofortigen Handeln Gottes ungedacht und folglich unformuliert geblieben wären. Stattdessen hatte der Beter die Möglichkeit, sich selber frei zu klagen und kann nun seinen Blick zu den grossen vergangenen Taten Jahwes richten. Wo Gott dem Menschen Raum zum Klagen lässt, gelangt der Mensch selbst durch sein Leiden hindurch zu neuen Perspektiven und kann sich folglich ganz an den Wundern Gottes wieder aufrichten. Damit gelangt er zu einem trostreichen Erinnern und zur Erkenntnis, dass Werke und Wege Gottes letztlich für ihn und alle Menschen unerreichbar bleiben. Er erlebt Jahwe zwar als den „ganz Andern", dennoch ist gerade dieser „ganz Andere" Israels Gott! Diese positive Wendung zeigt sich daran, dass der Psalmist nun erstmals zur vertrauten Du-Form wechselt. Damit erlaubt er sich beim Loben eine größere Nähe zu Jahwe, als sie ihm im ersten klagenden Teil möglich gewesen wäre. Die Reflexionen darüber, dass er Gott seinerzeit so erlebt hat, wie er ihn sich wünscht und vorstellt, bleiben zwar durchwegs in der Vergangenheitsform. Dennoch traut er Gott zu, dass sein Handeln sich nicht auf jene Zeit beschränkt, sondern sich ebenso in der Gegenwart erfüllt (14f.).
Gott wirkt "ohne Spuren" (20). Dies ist seine Weise, wie er sich seinem Volk nähert, an ihm handelt, sich ihm aber auch wieder entzieht. Damit wird die Wirkung des Aktes für den Menschen offenbar, der Vorgang selbst bleibt ihm allerdings verschlossen. Er führt sein Volk durch Menschen (21), ist also nicht abwesend, wenn man ihn nicht direkt wahrnimmt, wie der Psalmist gefürchtet hat.
Der Psalmist schließt mit diesen ihn tröstenden Erinnerungen sein Gebet ab; zum Ende des Psalms dominieren diese Gedanken und nicht die anfänglichen Entrüstungen über die erlebte Gottesferne. Nicht zuletzt tut sich der Beter damit selber etwas zuliebe, indem er Gott und sich selbst positive Veränderungen zutraut.

Weiterführende Literatur

Kommentare zu den einzelnen Texten sind jeweils am Ende der Bibelarbeiten aufgeführt.

Zum Thema Gott

ANNEN, F. (Hrsg.), Gottesbilder. Herausforderungen und Geheimnis, Freiburg Schweiz 2000.

BAUMGART, N.C., Unaufgebbar: Die Spannung der Gottesrede, in: Bibel und Kirche 1/1999, S. 10-17.

EBACH, J. Frag-mentale Reflexionen über biblisches Reden von Gott, in: Junge Kirche 4/2001, S. 20-24.

FRÖR, H., Ich will von Gott erzählen wie von einem Menschen, den ich liebe, München 1977.

GERSTENBERGER, E.S., Theologien im Alten Testament, Stuttgart 2001.

JEREMIAS, J., Die Reue Gottes. Aspekte alttestamentlicher Gottesvorstellung, Neukirchen-Vluyn 1997 (2. erweiterte Auflage).

MILES, J., Gott. Eine Biographie, München/Wien 1996.

SCHÜNGEL-STRAUMANN, H., Denn Gott bin ich, und kein Mann. Gottesbilder im Ersten Testament - feministisch betrachtet, Mainz 1996.

ZENGER, E., Am Fuß des Sinai. Gottesbilder des Ersten Testaments, Düsseldorf 1994.

Zur erwachsenenbildnerischen Arbeit mit Klängen

EDLEDITSCH, H., Entdeckungsreise Rhythmik. Grundlagen, Modelle und Übungen für Ausbildung und Praxis, München 1998[2].

HEGI, F., Improvisation und Musiktherapie. Möglichkeiten und Wirkungen freier Musik, Paderborn 1997[5].

JOHANNES-PLUTO, I. u.a., Musik praktisch erfahren. Ein Elementarkurs für Erwachsene, Kassel 1997.

MARTINI, U., Musikinstrumente - Erfinden, bauen, spielen. Anleitungen und Vorschläge für die pädagogische Arbeit, Stuttgart 1998.

NÖCKER-RIBAUPIERRE, M., Geschichte, Methoden und Anwendungsgebiete der Musiktherapie, in: KRAUS, W., Die Heilkraft der Musik. Einführung in die Musiktherapie, München 1998, S. 30-49.

RENZ, M., Zwischen Urangst und Urvertrauen. Therapie früher Störungen über Musik-, Symbol- und spirituelle Erfahrungen, Paderborn 1996.

SCHAFER, R.M., Anstiftung zum Hören. Hundert Übungen zum Hören und Klänge machen, Aarau 2002 (engl. Orig. 1992).

SCHAFER, R.M., Klang und Krach. Eine Kulturgeschichte des Hörens, Frankfurt 1988 (engl. Orig. 1977).

WIELAND, W., Bibeltexte in Klangbilder umsetzen, in: ELTROP, B. (Hrsg.), Frauenrhythmus, Stuttgart/Düsseldorf 2002.

Autorinnen und Autoren

Gertrud Bolliger, Erwachsenenbildnerin AEB und Bibliodramaleiterin, Winterthur/Zürich.

Christa Breiing, Religionslehrerin und Bibelgruppenleiterin, Herrliberg/Zürich.

Katharina Funk, Erwachsenenbildnerin und Psychodramaleiterin, Brütten/Zürich.

Verena Olesen, Laborleiterin und Erwachsenenbildnerin, Maienfeld/Graubünden.

Christian Refardt, Pfarrer, Ottenbach/Zürich

Brigitte Schäfer, Theologin und Sozialwissenschaftlerin, Projektleiterin der wtb-Projekte Erwachsenenbildung der ev.-ref. Kirchen der Deutschschweiz.

Martin Schärer, Pfarrer, Regensberg/Zürich

Johanna Scheifele, Musikerin und Exerzitienleiterin, Wald/Zürich

Claudia Zanetti, Erwachsenenbildnerin und Malatelier-Leiterin, Zizers / Graubünden.